LA GUERRE

VUE PAR UN JAPONAIS

BENZABRO BANNO

CORRESPONDANT DE GUERRE
DU " OSAKA MAINICHI

LA GUERRE
VUE PAR UN JAPONAIS

1917

LA GUERRE
VUE PAR UN JAPONAIS

LE JAPON ET L'ALLEMAGNE

Depuis longtemps, surtout depuis 1870, le Japon envoyait ses étudiants se perfectionner en Allemagne : le pays d'Europe dont les leçons lui semblaient les plus profitables.

On appréciait les idées de cette nation et son énergie ; on admirait sa valeur scientifique, ses dons d'organisation, sa discipline, dans l'ordre politique, son inlassable persévérance et son labeur considérable, dans l'ordre économique. C'était là, en effet, des qualités précieuses, mais, d'espèce un peu inférieure, où ni l'âme, ni l'esprit n'avaient le dessus. Le mérite fondamental des méthodes allemandes était plus discutable : de loin elles faisaient illusion ; à l'examen, elles apparaissaient sans vraie grandeur, leurs minuties ingénieuses offraient plus d'avantages matériels que d'élévation intellectuelle, elles n'avaient pas, ou rarement, de haute inspiration, mais une aptitude particulière à s'annexer et à mettre en pratique les concepts de créateurs négligents.

L'abbé Wetterlé, qui les connaît bien, a décrit le talent qu'ont apporté les Allemands à l'exploitation des pensées que le génie latin a semées sans savoir les monnayer ; la France fut, maintes fois, victime de cette rapacité sans scrupule.

Par contre la discipline passive de l'Allemand constituait une force considérable ; elle nécessitait, certes, peu de clarté de l'esprit et d'indépendance de l'âme, mais elle donnait de sérieux résultats. L'Allemand, que l'individualisme, fruit du progrès et surtout du succès, aurait dû conquérir, était resté, par suite d'un long atavisme prussien, dévoué à l'autorité hiérarchisée : le socialisme boche en a donné un exemple frappant en se faisant, dès que cela fut nécessaire, l'auxiliaire de l'impérialisme et l'instrument de l'Empereur.

La persévérance laborieuse de l'Allemagne, secondée par une organisation merveilleuse, s'exerçait en tous sens et obtenait des résultats brillants. Dans le domaine de l'instruction publique, par exemple, l'Allemagne n'avait plus que 2 % d'illettrés, contre 3 1/2 en France et en Angleterre, 52 %. en Italie, 67 % en Portugal et 80 % en Espagne. Dans l'industrie et le commerce, son influence prédominait ; mieux outillée que quiconque, appliquée à rechercher le mieux en dépit du succès, jouissant d'une main-d'œuvre peu exigeante et très docile, sa production variait à l'infini.

*
* *

Tout en lui reconnaissant ses qualités, la masse du peuple japonais déteste dans l'Allemand son

hypocrisie, sa ruse, son orgueil, son arrogance et
son audace fondée sur l'impunité du plus fort.

L'Allemagne au-dessus de tout ! Le monde finissait par s'exaspérer de cette formule menaçante,
produite à tout propos et à chaque instant, d'autant que l'effet répondait au mot et que l'Allemagne, en attendant d'être au-dessus de tout, se
trouvait dans les dessous de toutes les affaires et
partout influente.

L'Allemand arrivait à se croire le *surhomme*,
imaginé par sa philosophie et n'avait qu'un vaste
mépris pour le Juif et le Polonais, ses sujets, et le
Français, sa proie future ; partout où il s'installait,
l'atmosphère devenait irrespirable : pédant, lour-
daud, trivial, bavard insupportable, il s'étalait et
se croyait tout permis. Nul travers ne pouvait
choquer davantage les Japonais hospitaliers à
l'étranger, surtout à l'Européen, dans lequel ils
révèrent toujours l'initiateur.

L'Allemand manque de la plus élémentaire délicatesse. Il me souvient d'être entré, à Berlin, dans
un établissement notoirement bien hanté ; un ami
japonais et sa femme — celle-ci en costume national — m'accompagnaient. Immédiatement, sur
notre passage et autour de nous, ce ne furent que
des remarques blessantes, parfois outrageantes,
de gros rires et des gestes douteux. Peu de temps
après, le hasard me conduisit, avec ces mêmes
compagnons, dans un music-hall fort ordinaire de
Paris ; on nous regarda certes avec curiosité, mais
discrètement et avec sympathie et les propos que
nous surprîmes n'étaient qu'à la louange de la Ja-

ponaise dont le kimono avait provoqué tant de grossièreté à Berlin.

D'ailleurs leur prospérité inouïe avait rapidement mené les Allemands à une corruption qu'ils reprochaient à peu près à tout le genre humain : de plus en plus, ils devenaient dévergondés et aberrés passionnellement ; le divorce augmentait chez eux et la natalité baissait.

Ainsi, au point de vue strictement sentimental, l'Allemand ne pouvait être sympathique aux Japonais , mais des intérêts inéluctables astreignaient les deux peuples à commercer entre eux.

C'est dans le domaine politique qu'Allemands et Japonais devaient se heurter avec le plus de violence. L'origine de cette inimitié date de 1882, alors que l'Allemagne, rêvant de prendre position en Asie et de s'introduire en Chine, donnait à M. de Richtofen, ingénieur et géologue réputé, une mission, d'apparence scientifique et strictement politique en réalité. Il s'agissait d'étudier minutieusement les côtes chinoises, de se rendre compte de leurs ressources, de leurs facilités d'accès et de choisir celle où un établissement allemand aurait le plus de chance de durer et de se développer.

Après un long voyage, M. de Richtofen trouvait que Kia-Tchéou, dans la province du Chang-Toung, réalisait totalement les desseins qui lui avaient été indiqués. Berlin, muni de ces renseignements, attendit l'occasion qui lui permettrait de poser la griffe sur la proie marquée par son prospecteur. L'attente dura quinze ans : ce fut déjà

une preuve de la patience qui devait acquérir tant
de résultats par la suite.

Entre temps, se produisaient en Asie de graves
événements auxquels ne manquèrent pas de s'im-
miscer les Allemands, toujours sur le qui-vive. En
1894, le Japon entrait en conflit avec la Chine, à
propos de la Corée. Ce pays improductif, arriéré,
pauvrement gouverné, devait tomber aux mains
d'un occupant fort. L'occupant le plus probable
était le Japon, la Corée formant le prolongement
logique de ce pays sur le continent. La Chine, cependant, faisait valoir des droits de souveraineté
sur « l'Empire du Matin calme », et la guerre éclata.

L'armée nippone, sous le commandement du
général Yamagata, réduisit en peu de temps Port-
Arthur et Wei-Haï-Weï; dès le début des hostilités, la flotte était prête à forcer l'entrée du golfe
de Petchili : les jonques chinoises coulèrent sous
ses coups; les Pescadores furent conquises et
Formose enlevée. On dut traiter à Simonoseki, en
avril 1895. Après une discussion où elle ne pouvait avoir l'avantage, la Chine reconnaissait l'indépendance de la Corée, cédait au Japon la province de Liao-Toung, y compris Port-Arthur, les
Pescadores, Formose, et payait une indemnité de
guerre de 200 millions de taëls.

Mais l'Europe, effrayée par l'ampleur du succès
d'une puissance aussi soudainement révélée, inter-
venait pour amoindrir ces conditions de paix. La
Russie, la France et l'Allemagne amenaient le
Japon à se désintéresser de la province de Liao-
Toung, moyennant une indemnité supplémentaire.

Malgré leur victoire, les Japonais durent souscrire à ces conditions et le ressentiment qu'ils en conçurent se fixa surtout contre la Russie, en partie bénéficiaire des territoires ravis, et contre l'Allemagne dont le mauvais vouloir s'était montré particulièrement brutal.

Celle-ci fit payer chèrement à la Chine son intervention. En 1897, le meurtre suspect de deux missionnaires lui fournit un prétexte pour réaliser son vieux dessein asiatique ; elle occupa Kia-Tchéou — ce chef-lieu colonial découvert jadis par M. de Richtofen — ; puis Guillaume II fit gronder ce tonnerre qui devait tant de fois, par la suite, méduser le monde. Il n'en fallut pas davantage pour que la Chine s'humiliât et qu'un très grand dignitaire de son gouvernement allât se traîner sur les tapis de celui qui prétendait déjà faire figure d'Impérator.

Le 6 mars 1898, la Chine concédait à bail pour 99 ans, à l'Allemagne, le district et la baie de Kia-Tchéou, avec une importante zone d'influence. Guillaume II avait clos cette affaire par des paroles pratiques semées dans sa grandiloquence habituelle : « La Providence, disait-il, a voulu que la nécessité de venger nos morts nous amenât à conquérir une place commerciale de premier ordre.... »

Le sort attribuait au Japon un mauvais voisin, un peu lointain à cette époque, mais qui devait vite se rapprocher et devenir encombrant.

L'Allemagne, de son côté, avait senti dans le Japon un gêneur contre lequel elle lutta dès lors par mille moyens moraux et matériels. Ce fut d'abord la ridicule fable du péril jaune imaginée par Guillaume II (1) : c'était transporter insidieusement une inquiétude particulière dans l'inquiétude générale. La fable n'eut pas tout l'effet attendu ; si elle alarma certaines gens, elle en fit rire davantage : c'était tout ce qu'elle valait.

Il devait être facile à l'Allemagne de brouiller le Japon avec la Russie ; elle s'appliqua particulièrement à faire se battre deux forces qu'elle redoutait également, l'une en Europe, l'autre en Asie. L'octroi de Port-Arthur (traité Russo-Chinois du 27 mars 1898) et l'occupation de la Mandchourie, durant le désarroi créé par l'insurrection des Boxers, consacraient la main mise définitive du Gouvernement russe sur la Chine du Nord-Est et son influence sur le Pacifique. De cette situation menaçante pour le Japon, il ne pouvait sortir que la guerre. On sait quel fut son acharnement : elle laissa la Russie exténuée et le Japon appauvri.

L'Allemagne était satisfaite : elle était libérée de deux concurrents dangereux. Il lui fallait cependant trouver d'autres ennemis au Japon victorieux et susceptible d'un prompt relèvement ; elle les rechercha tour à tour aux Etats-Unis et en Chine.

(1) Récemment, dans une réunion tenue à la Sorbonne pour démontrer l'importance de l'effort japonais durant la guerre, M. Matsui, ambassadeur du Japon à Paris, faisait remarquer en termes excellents l'ironie vengeresse des événements qui plaçait avec les Alliés, armés pour la justice et pour le droit contre la barbarie allemande, le Japon et la Chine que Guillaume II révélait, jadis, comme les inévitables destructeurs de la civilisation européenne.

Sa colonie d'Amérique faillit envenimer à l'extrême la discussion de l'émigration japonaise, tandis que maints agents officieux s'attachaient à armer contre les Japonais les anciens partis et les éléments nouveaux de la Chine transformée en République.

L'Allemagne appliquait sur un champ exotique la formule *Divide et Impéra*. Bientôt après, transportant son procédé en Europe, elle veillait alternativement à mettre aux prises l'Angleterre et la Russie, à indisposer Pétersbourg contre Paris, à armer l'Italie contre la France. Ce jeu hypocrite précédait de peu d'audacieux chantages et des comédies retentissantes : le voyage de Guillaume II au Maroc, Casablanca, Agadir, enfin la manœuvre éhontée qui devait assurer la capture de la Bosnie. De plus en plus, l'Allemagne employait un jeu symptomatique de la guerre et appuyait sa politique de tous ses défauts et de toutes ses qualités rués ensemble : fourberie, hypocrisie, arrogance, audace, énergie, entêtement, discernement — à défaut de psychologie —, esprit de suite. L'impérialisme allemand donnait l'impression d'une force colossale, s'aidant d'éléments extrêmement variés et puissants, mais inégalement brillants : une diplomatie, peut-être pas très intelligente, mais toujours à l'œuvre ; un grand nombre d'hommes utiles, à défaut de quelques hommes remarquables ; une organisation d'influence occulte et d'espionnage sans pareil ; un poids de canon sans rival ; enfin une volonté impériale, louable ou non, bonne ou mauvaise, mais soutenue par la soumission immuable — quoi qu'il se passât — de 70 millions d'adhérents.

Celui des défauts de l'Allemand qui répugne le plus aux Japonais c'est sa déloyauté instinctive qui est partout, dans la bataille comme dans la diplomatie, et qui a formé, comme nulle part ailleurs et dans aucun temps, l'espionnage. Les déloyautés allemandes dans les batailles ne se comptent plus ; elles résident aussi bien dans l'emploi de matières interdites par le droit des gens ou les conventions internationales que dans les traitrises des soldats. Dans la diplomatie, même manque de scrupules, même fausseté, avec, en plus, une habitude déconcertante et dangereuse du mensonge vulgaire. Je me rappelle une équipée, dans ce sens, d'un ex-secrétaire d'ambassade à Tokyo, M. de Schöen, fils de l'ancien représentant de Guillaume II à Paris. Ce jeune homme, nommé à Washington, depuis la participation du Japon à l'Entente, répandit le bruit qu'à Tokyo le sentiment anti-américain devenait inquiétant et amènerait certainement la guerre, une guerre redoutable pour les Etats, si elle groupait en force hostile les flottes du Japon et de l'Angleterre. Il fallut l'intervention personnelle du président Wilson pour entraver ce scandale et renvoyer ce singulier apprenti diplomate.

L'espionnage allemand était partout, hideux, terré, irrésistible, et la France, particulièrement, ne parviendra pas aisément à se libérer de ce mal qui est plus implanté chez elle que partout ailleurs. On y a vu des informateurs de l'Allemagne se faire arrêter en haut lieu, sous l'uniforme d'officier ou circuler sur le front, en automobile, jusque dans les tranchées alliées, usurpant un commandement grâce à des papiers volés ; il arriva même que l'auteur audacieux de ce dernier méfait ne put être fusillé parce qu'il s'était vraiment trop bien battu contre les siens.

A Kia-Tchéou, les Japonais ont eux-mêmes subi cette involution. Les Allemands qui n'étaient que 6.000, avaient à leurs gages 800 Chinois, travaillant d'ailleurs à merveille, d'après les derniers procédés employés alors en Artois et en Flandre, composant des signaux avec des étoffes blanches et des reflets de glace, incendiant, au besoin, leurs villages pour indiquer les positions japonaises. Ils avaient droit à une gratification spéciale, calculée à tant la tête d'officier ou de soldat livrée à la kommandatur. Heureusement que l'on mit rapidement fin à leur ingéniosité.

Je terminerai cette étude critique de l'Allemand par une comparaison entre les Jaunes, qu'il stigmatisa jadis, dès qu'il commença à les redouter (non pour l'Europe, mais pour ses desseins) et lui, le meneur du progrès.

*
* *

Une Américaine, qui résidait au Japon, lors de l'ouverture des hostilités entre ce pays et l'Allemagne et qui regagna les Etats-Unis quelque temps après, a donné dans la revue *Ootloock* un exposé très net de la question.

« Quand on se mit à parler de la guerre engagée en Europe », écrit ce témoin impartial et documenté, « il ne fut d'abord que peu question
d'une intervention possible du Japon ; le fait semblait improbable. Le Gouvernement devait en décider autrement.

« Après l'ultimatum posé à l'Allemagne et
quand l'état de guerre devint effectif, il n'y eut
aucune manifestation contre les Allemands ; pourtant la haine nationale, soulevée par leur brutale
intervention au néfaste traité de Pékin, en 1895,
était encore vivace dans bien des cœurs. Au contraire, nombre d'intellectuels formés à Berlin se demandaient s'il se pourrait qu'ils fussent appelés à
se battre contre leurs anciens maîtres. Dans la rue,
nulle effervescence anti-germaine, nul désordre.

« L'Allemagne, on me l'a prouvé, agit tout autrement. Dès la réception de l'ultimatum de
Tokyo et sous prétexte de mesures de protection
(contre quel danger ?) on coupa de leur ambassade
tous les Japonais résidant en Allemagne et on
les emprisonna ; ils étaient 178, étudiants ou commerçants. En même temps, les Allemands s'annexaient six millions de marks que le gouvernement japonais avait en dépôt à la *Deutsche
Bank*.

« Il n'y eut pas de représailles au Japon ; les
Allemands continuèrent leur vie ordinaire, exercèrent leur profession et ne rencontrèrent d'animosité nulle part. Les réservistes allemands s'en
furent à Tsin-Tao ou bien se mirent en route vers
leur patrie sur des bateaux japonais.

« L'ambassadeur allemand à Tokyo n'ignorait certainement rien des humiliations dont avaient été comblés les diplomates des nations alliées en quittant Berlin, aussi redoutait-il quelque rigueur contre lui ; cette crainte se manifesta un peu puérilement : tous les attachés et les fonctionnaires allemands allèrent demeurer à l'ambassade, dont on ferma les fenêtres comme si elles eussent dû soutenir un siège. Le peuple ne se souciait pas du tout de ces ennemis impuissants ; il se fut bien gardé de les insulter, et c'est pour la forme que l'on mit aux environs de la résidence des Allemands quelques gendarmes ou policiers.

« Ces emmurés de Tokyo et les consuls en fonction dans le pays s'embarquèrent à Yokohama le 30 août. Les colons allemands, enhardis par la complaisance de l'autorité à leur égard, dépassèrent naturellement la mesure ; munis d'énormes bouquets, ils vinrent à l'embarcadère acclamer leur ambassadeur et sa suite ; un enthousiaste, ayant frêté une embarcation pavoisée aux couleurs de son pays, tournoya longtemps autour du paquebot en partance en criant dans un porte-voix des encouragements et des protestations patriotiques. Sur des torpilleurs, rangés non loin de là, des officiers souriaient de ces manières plus comiques qu'insultantes ; pourtant, à Hambourg ou à Lubeck, les préposés de la marine impériale eussent-ils toléré aussi débonnairement pareille manifestation ?

« Au dernier moment, lorsqu'il fut assuré qu'il ne pouvait plus lui arriver de mal, l'ambassa-

deur allemand fut désagréable et arrogant. On
le sut et personne ne s'en fâcha : on tenait en
considération sa faiblesse chez l'ennemi et de
grands égards lui furent prodigués jusqu'au bout,

« Même quand il sut l'horrible conduite des
troupes prussiennes aux premiers temps de la
guerre — leur brutalité, leur sauvagerie, leurs
procédés si contraires à l'honneur du guerrier —
le gouvernement japonais conserva la même bienveillance pour les Allemands restés dans Iles ; le
comte Okuma, chef du Cabinet, et le Ministre de
l'Intérieur prirent des dispositions particulières
pour garantir les biens et la sécurité de ces gens
tant qu'ils ne feraient rien de contraire aux intérêts de l'Alliance. Le Ministre de l'Instruction publique recommanda à ses fonctionnaires d'enseigner l'indulgence envers des ennemis contraints
à une position délicate. Le Préfet de police de
Tokyo, enfin, par un décret spécial, ordonnàit
d'être clément pour les Allemands et de leur prouver les qualités accommodantes d'une nation civi-
lisée. Aussi les résidents allemands purent-ils
poursuivre leurs affaires comme auparavant ; une
centaine de professeurs continua son enseignement, sans avoir jamais à subir de remarques désagréables de la part des étudiants ; les ingénieurs
demeurèrent dans leurs mines, sans courir le
moindre danger. Le rédacteur en chef d'un journal notoirement subventionné par Berlin put,
non seulement poursuivre sa publication, mais
encore sa campagne tendancieuse, jusqu'au jour
où il exagéra par trop, en injuriant le Gouverne-

ment, prêchant la guerre contre l'Amérique, etc...
On se contenta de supprimer le journal et d'expulser le rédacteur ; celui-ci s'installa en Chine, à
Pékin, et là, dans une gazette anti-japonaise,
mena un tel vacarme que les Anglais notamment
regrettèrent vivement l'indulgence de Tokyo.

« Malgré le vol des fonds japonais confiés à la
Deutsche Bank à Berlin, le Gouvernement n'a
exercé aucune représailles sur les biens allemands au Japon, et la succursale de la *Deutsche
Bank* a continué à fonctionner comme si de
rien n'était.

« En dépit de toute justice et simplement par
rage impuissante, la police de Berlin a retenu en
prison tous les Japonais qu'elle avait pu saisir —
non sans faire connaître, toutefois, par l'entremise
de l'ambassadeur américain, qu'elle était prête à
libérer ces otages si on lui donnait l'assurance que
les Allemands n'avaient pas à souffrir au Japon :
exigence inutile et insidieuse, puisque la chose
était acquise. Or, malgré cette constatation dû-
ment établie et malgré les représentations des
Etats-Unis, l'Allemagne a eu la petitesse de ne
relâcher que 71 des Japonais arrêtés en août 1914,
gardant 107 autres en prison, parmi lesquels des
enfants... »

*
* **

Un Japonais incarcéré à ce moment m'a donné
sur sa détention des détails qui reconstituent assez pittoresquement l'aspect des vastes moissons

de prisonniers et d'otages faites alors, en dépit
du droit, par les Allemands.

C'est un professeur de l'Université qui séjour-
nait en Allemagne au mois d'août. Le 20, sentant
l'aggravation du conflit qu'avait déterminé l'ultimatum de Tokyo, il décidait son départ, soit par
la Hollande soit par la Suisse, quand un policier
survint avec une mission précise et brève : le professeur se déclarait-il de nationalité japonaise?
Oui, il devait alors se rendre immédiatement à la
police qui avait des dispositions à prendre envers
certains étrangers... Là, sans qu'aucune question
lui eut été posée, le professeur fut poussé dans une
étroite chambre de garde. Le traitement qui suivit ne fut pas d'abord aussi rigoureux que ce début
le faisait prévoir ; on lui donna la faculté de demander ses repas à un restaurant voisin et de fairè
prendre quelques livres à sa pension. Si son état
matériel était supportable, il restait au prisonnier
l'angoisse de l'inaction et la crainte de l'heure
suivante.

Le professeur demeura dans cette geôle incommode jusqu'au 7 septembre, puis on le transféra
dans une caserne aménagée en prison pour les
étrangers suspects. Aucun interrogatoire ne lui fut
préalablement posé. Dans une vaste salle où on l'in-
troduisit, beaucoup de gens le dévisagèrent avec
des yeux tristes, curieux ou souriants. Pour se donner une contenance, le professeur alla s'asseoir et
prit un livre : c'était une Bible ; le hasard fit que
la page retenue exposât cette maxime : « Aimez
votre ennemi », sujette à de pénibles réflexions...

Comme les détenus causaient assez haut, le surveillant surgit, à deux ou trois reprises, pour ordonner le silence. Le soir, tout le monde fut réuni et mené au sommet du bâtiment, dans un dortoir où il y avait une centaine de lits sommairement établis. Un grand silence se fit, avec, par intervalles, des soupirs et des malédictions contre les Allemands oppresseurs. Mon compatriote se tournait sur sa piètre couche, cherchant à vaincre l'insomnie. Il s'assoupit quelque peu jusqu'à trois heures du matin ; à cinq heures, on ordonna le lever général. Comme il allait se débarbouiller, mon ami s'entendit interpeller dans sa langue : c'était un Russe, son voisin de nuit, qui le saluait. Jamais Japonais ne donna une poignée de main d'aussi bon cœur. Le Russe avait résidé dix-huit mois au Japon ; la langue de ce pays lui ayant plu, il l'avait étudiée et la connaissait assez bien. Les deux causeurs furent peu à peu entourés et complimentés : il y avait là des Français, des Anglais, des Hollandais, des Danois, des Italiens et même des Allemands et des Autrichiens.

« A 5 h. 1/2, poursuivit mon ami, on nous fit descendre dans la salle commune où l'on nous distribua un morceau de pain et un quart de café. Après ce déjeuner, quelques-uns tentèrent de dissiper l'inaction obligatoire en lisant quelques livres qui traînaient. A 8 h. 1/2, le geôlier, toujours brutal et autoritaire, nous surprit agréablement en nous annonçant que nous allions être menés à la promenade. La récréation se passa dans une cour de deux cents mètres carrés et, à 9 h., nous reçûmes un nouveau morceau de pain. A midi, soupe de pommes de terre écrasées. A 7 h., le dîner se composa d'une pâte mal pétrie.

« Chacun s'efforçait de prendre son mal en patience ; quelques-uns affectaient la gaieté et l'ironie et d'autres plaisantaient sur leur faim. « Si l'on a des doutes sur la capacité de nos estomacs, dit un humoriste anglais, on n'a qu'à nous donner en friture les oreilles du kaiser et l'on verra bien. » Des rires fusèrent ; le garde intervint, se démena, interrogea, s'enquit à droite et à gauche des raisons de cette gaieté, mais ne sut rien.

« Les Anglais sortirent de prison le 14 du mois et les Russes le 21 ; le 27, les trois quarts des détenus étaient partis... Nous, les défavorisés, nous continuions le traintrain machinal. Un soir, le gardien nous annonça que nous allions être libérés à notre tour. Beaucoup le furent, en effet : les Belges, les Français, les Italiens ; du moins on les appela et nous ne les revîmes plus. Je fus mandé, le dernier, mais l'heure était avancée et le directeur ne put me recevoir. On m'enferma de nouveau, mais cette fois dans une petite chambre où il y avait un lit, une table, une chaise et une toilette. Quand le gardien m'eut laissé seul, je me désespérai et j'attribuai à ma nationalité, inférieure au point de vue européen, le mépris que l'on me montrait.

« Pour prendre quelque intérêt à la vie sans objet qui m'était faite, peut-être pour longtemps, je priai le gardien de réclamer au greffe deux livres français que j'avais dans mes poches au moment

de mon arrestation. Je ne sais si l'homme trans-
mit ma sollicitation, mais je ne revis pas mes
volumes. Plusieurs jours après, le geôlier me demanda avec un ton d'intérêt si je m'ennuyais
toujours et il me fit un discours, pour me reprocher les ouvrages français. « On assure, me dit-il,
que ces livres vous sont inutiles. Quel besoin, en
effet, avez-vous de lire une langue qui disparaîtra
bientôt ? Au contraire, l'on ne saurait trop connaître l'allemand, qui suffit à tout. » A l'appui de
ses conseils, le docte cerbère me remettait des
brochures que j'affectai de parcourir devant lui
pour sauver les apparences ; mais après son départ je rejetai ces fades romans d'amour pour
concierges ou domestiques.

Le 1ᵉʳ octobre, sans nul avertissement, on me
mena au secrétaire du directeur. Ce petit fonctionnaire le prit de très haut avec moi : « Vous êtes le
Japonais ? interrogea-t-il. Si la liberté vous est
rendue, promettez-vous de rejoindre votre pays
sans traîner nulle part ? Je souscrivis immédiatement à ces conditions. « C'est bon, conclut mon
interlocuteur, attendez »...

J'attendis une semaine, dix jours ; rien ne venait et je désespérais de nouveau, lorsque, le 14 octobre, le gardien entra en souriant dans ma cellule
et me présenta mon bulletin de sortie ; il poussa
l'amabilité jusqu'à me féliciter et à me serrer les
mains. J'eus, je l'avoue, une certaine joie à remer-
cier ce geôlier, qui était resté si longtemps pour
moi l'unique représentant d'une vie dont je ne
savais plus rien. Le lendemain, craignant d'être

repris, je sautai dans le premier train allant en
Suisse et ne respirai largement qu'après les premiers kilomètres parcourus en ce pays hospitalier.

*
* *

Tandis que l'orgueilleuse Allemagne prototype,
à son avis, des nations civilisées agissait aussi
mesquinement, le Japon n'abandonnait rien de la
condescendance due par humanité à un adversaire
malheureux, fût-il déloyal.

A Tsin-Tao, malgré l'affaire des Chinois et
d'autres traîtrises dont nous fûmes victimes, les
lois de la guerre furent strictement observées à
l'égard d'un adversaire qui méritait d'être peu
ménagé ; quand elles fléchirent, ce ne fut que dans
le sens de la faiblesse. Ainsi, avant le bombardement général, on autorisa les non-combattants à
quitter la ville ; après la chute des citadelles, le
gouverneur prisonnier eut la faveur de garder son
épée et les 4460 soldats livrés par la capitulation
jouirent d'une situation conforme aux dispositions
des accords de La Haye. Le gouvernement japonais accorda à chacun le traitement de son grade
correspondant à ce grade dans l'armée nippone :
c'est-à-dire la solde, l'indemnité de vêtement et de
nourriture et même de l'argent de poche ; comme
les militaires japonais sont bien payés, les Allemands bénéficiaient d'un peu plus qu'il n'était
dû. Ils étaient assurés de tout le confort désirable et on leur permit même de prendre leur
repas en des restaurants voisins de leurs caserne-

ments ; la bière manquait seule à leur aisance :
l'inconvénient était minime, surtout si l'on songe
au traitement infligé aux otages japonais en Allemagne et à la situation misérable de milliers de
prisonniers de guerre français, anglais et russes,
intentionnellement humiliés, maltraités et marty-
risés.

*
* *

L'Allemagne a crié à la traîtrise du Japon. La
traîtrise du Japon ! Pourquoi? Parce que les Japonais, après avoir continuellement envoyé leurs
intellectuels se perfectionner à Berlin, après avoir,
jadis, demandé l'assistance d'un médecin allemand pour le prince impérial gravement malade,
se sont rangés contre l'Allemagne ? Il n'y a là que
des raisons particulières résolues d'ailleurs par le
solde de pensions d'étudiants et le somptueux
paiement d'une note de docteur, ne pouvant entrer
en ligne de compte avec l'intérêt d'un grand pays,
la sauvegarde d'un peuple et l'exigence d'exécuter
des engagements pris entre nations.

Le Japon, allié de l'Angleterre, a fait honneur
à ses engagements. Si le Japon a quelque peu forcé
son initiative en faveur de l'Alliance, c'est pour
une cause supérieure dépassant les menées politiques. Il a tenu à combattre un empire férocement orgueilleux, oppresseur, dédaigneux de l'humanité et de l'honneur du guerrier. Le Japon
pense, comme toutes les nations probes, que l'Allemagne s'est rendue tellement antipathique et
dangeureuse, que sa disparition comme Etat est

souhaitable. Elle doit être détruite. Même les pacifistes déterminés, comme H.-G. Wells (1), en sont venus à adopter cette nécessité. Ils apportent, il est vrai, des restrictions à leur opinion : c'est, à leur avis, l'esprit militaire de l'Allemagne que l'on doit annihiler et non l'Allemagne, cette nation devant tôt ou tard revenir à son penchant pour le tendre, à sa nature rêveuse d'autrefois ...

A notre avis il faut faire davantage. L'opération doit être radicale. L'Allemagne s'est habituée depuis cinquante ans à la griserie de la prédominance ; c'est maintenant chez elle un goût invétéré et elle ne s'en guérira pas.

(1) H. G. WELLS, *La Guerre qui tuera la guerre* (« Editions et Librairie », édit.).

CHAPITRE II

LE JAPON ET LA FRANCE

Il y a quelque difficulté à décrire les sentiments des Japonais à l'égard de la France ; celle-ci était mal connue et mal jugée, au Japon, comme partout à l'étranger. Cependant, autant en Allemagne, comme j'en ai acquis l'expérience personnelle, on ne pouvait vivre qu'oppressé, dans une atmosphère d'orgueil désagréable, sous la pesée d'un autoritarisme insupportable et lourd, autant il fait bon vivre en France, en parfaite liberté, à son aise, dans une ambiance claire, dans des cadres élégants.

La France est pleine de charmes et de qualités qu'il me faudrait beaucoup de temps pour vanter. Je ne signalerai de ces qualités que celles qu'elle a mises le plus en valeur dans la guerre actuelle. La France était plutôt mal appréciée que mal aimée et ce jugement tenait à des motifs délicats, complexes et déconcertants pour l'étranger qui entend les expliquer. Au fond, on la jalousait de la façon dont on soupçonne une femme très belle ; celle-ci doit d'autant plus se surveiller que la critique envieuse épie constamment ses moindres gestes. La France ne fut pas toujours très prudente, quoiqu'elle sût que des ennemis dénaturaient chacune de ses fantaisies et le moindre de ses caprices. Elle pensait tout haut, et son excessive franchise passait pour de l'effronterie. Il faut bien dire, toutefois, qu'elle ressemblait un peu à ces coquettes, foncièrement vertueuses qui affichaient, avant la guerre, par pur snobisme, des manières et des parures de dévergondées ; ce n'était parfois qu'un défi pour prouver qu'aucune outrance, aucune hideur n'étaient capables de gâter leur beauté, mais ce jeu troublait. On jugeait ces femmes sur l'apparence, et l'on avait tort ; mais elles, avaient-elles raison ?

La France d'avant la guerre semblait prendre goût à une littérature compromettante, à un théâtre parfois dépravé, à des arts étranges, comme le futurisme et le cubisme. Elle paraissait trop vivre par les nerfs, pour la sensation forte, en dépit de sa tête raisonnable et de son cœur généreux. C'était peut-être par agacement qu'elle se tenait ainsi : elle s'ennuyait.

A l'étranger, une tradition stupide et simpliste veut que, quand on parle de la France, les malins répliquent : « Montmartre, le Moulin-Rouge », et qu'ils envient (avec quels accents comiquement pervers !) les partants pour la nouvelle Babylone. Quand je suis venu en France, je m'attendais, moi aussi, à trouver Paris voué aux voluptés, abondamment pourvu de lieux de débauche et peuplé de femmes de plaisir. On voit trop la France d'après Paris et Paris d'après le « boulevard » ; or, dès les premiers jours, je suis revenu de mon er-

reur. Il n'y a pas que le Paris du soir ; il y a celui
du matin, et qui a connu ce Paris, où affluent, par
masses, des travailleurs diligents et empressés, se
dit que l'autre ne peut vraiment lui faire tort.

Le Français contribuait à justifier la mauvaise
opinion que l'on avait de lui. Dans la circonstance
la moins propice, il raillait et faisait état des défauts et des misères de son pays. Quand on a vécu
un peu en France, on devine que cette manie sin-
gulière n'est au fond qu'un procédé pour cacher
son sentiment et voiler son émotion. On ne saurait trop dire que, pour juger la France, il faut pouvoir apprécier la délicatesse française.

Le Français ne fait rien comme tout le monde.
L'expression de ses sentiments est extrêmement
variable et elle déroute au moment où on croit la
saisir. Son patriotisme, par exemple, est spécial ;
alors que la plupart des chants nationaux ont une
allure d'hymnes religieux, la *Marseillaise* est une
fanfare ; à l'étranger on écoute l'hymne national
avec dévotion, et en France on l'applaudit. Cependant, dans quelques solennités particulièrement
imprégnées du sentiment de patrie, j'ai vu des
Français pleurer pendant que la musique jouait
le plus bel hymne de leur pays et je pleurais aussi ;
mais mon étonnement était grand de voir bientôt
après mes émus d'un moment plaisanter tel ou
tel couplet et en rire, alors que leurs yeux n'étaient
pas secs. Je n'ai rencontré cette pudeur sentimen-
tale qu'en France, où l'on ne veut pas avoir l'air
d'être patriote, héroïque et bon. Au début de mon
séjour à Paris, les circonstances ne m'avaient mis

à même de n'entendre que peu de fois l'hymne français ; aussi un jour où je reçus la visite d'une cantatrice de talent, obligeante et d'un caractère excellent, je lui demandai de me chanter cette *Marseillaise* que je connaissais mal et qui me semblait si belle ; je n'oublierai jamais l'accent avec lequel on me dit : « Flûte ! » La cantatrice avait cru que je voulais me moqu er d'elle.

La gaieté des Français est une de leurs qualités les plus enviables, car la gaieté franche est une preuve de bonne santé de l'âme ! On croit les Français légers et frivoles, parce qu'ils sont gais, mais leur gaieté peut, parfois, être la parure d'un héroïsme passif ou offensif. N'était-ce point de l'héroïsme que l'alerte dédain de la mort que montraient les prisonniers de la Terreur jouant au ballon ou maniant les cartes en plaisantant, tandis qu'à l'entrée de leur préau les geôliers assemblaient ceux d'entre eux voués à la guillotine ? Qu'étaient donc les folâtreries, les gaudrioles, les goguettes entretenues par les assiégés parisiens de 1870, à propos de leur famine et de leur détresse ? Et qu'était-ce donc, sinon de la folle bravoure, cette gaieté qu'on me disait récemment d'un zouave s'adressant à son voisin, dans l'attaque d'un formidable saillant allemand dont les mitrailleuses tiraient avec furie : « Dis donc, crois-tu que nous aurons la guerre, cette année ? »

La gaieté des Français est multiforme et toujours agréable ; elle entraîne aux plus heureux jeux de l'esprit. Les Françaises aiment les hommes gais, et cette manière de se réjouir franchement

n'existe ni chez les Anglais, ni chez les Allemands,
ni ailleurs, pas même chez les autres peuples latins, italiens et espagnols, pourtant exubérants.

La gaieté, malgré tout, n'est qu'un charme ; la
vaillance est une vertu, la plus nécessaire en temps
de crise, d'évolution et de combats de peuples, à
plus forte raison quand la nation doit lutter pour
la perpétuation de son honneur et la conservation
de son existence.

Si la vaillance n'est pas, comme le rire, un apa-
nage exclusivement français, du moins règne-t-elle
chez les Français aussi puissamment, sinon plus,
que chez les peuples très valeureux ; elle est surtout modeste : ce qui est une des qualités dont le
guerrier ne s'embarrasse pas toujours. Le héros
français témoigne souvent de cette modestie gouail-
leuse qui doit être, j'y insiste, spéciale à sa race :
il devait faire ce qu'il a fait de bien et s'étonne
qu'on le remarque.

La charité, la pitié françaises se multiplient,
se prodiguent à tous sans réserve, aux œuvres
grandes et aux petites, aux dévouements menus
et aux initiatives impécunieuses, qui cependant
s'animent de tant de bon vouloir ingénieux qu'elles
obtiennent des résultats ; pitié et charité pour
ceux qui participent à la guerre et pour les
blessés, les prisonniers, les pauvres, les réfugiés
et les étrangers d'où qu'ils viennent, pour les
orphelins et les veuves, pour le regroupement
des foyers et pour la réfection des chaumes.
L'argent et le cœur se dépensent sans compter.
Les paquets réconfortants se succèdent aux tran-

chées, et il s'est produit cette chose inouïe que le très grand malheur a procuré des assistants affectueux et des marraines charmantes aux sans parents que la vie et la guerre avaient isolés. Le Japon a connu une semblable manifestation, et j'aime de plus en plus la France parce que, chaque jour, je lui découvre des ressemblances avec ma patrie. Pendant la guerre mandchoue, tout le monde, chez nous, vieillards, jeunes filles et enfants enfermaient des lettres aimables dans des paquets délicieux appelés *imonboukouro* (c'est-à-dire « sac de divertissement » ou « consolation »). Point de soldat qui ne reçût, chaque mois, un envoi de quelque inconnu ; parfois l'inconnu se découvrait et c'étaient alors, comme en France actuellement, de sympathiques correspondances qui unissaient deux obligés entre eux.

Il faut mettre tout à fait à part et placer bien haut la générosité française, honnête, désintéressée, inspirée d'idéal, alors que tout autour d'elle on ne trouve qu'appétits et gloutonnerie formidablement aiguisés.

Dans cette guerre, quatre importantes races se combattent : la germanique, la slave , l'anglo-saxonne et la latine. La slave, après s'être bien battue, tournoie dans l'utopie, mais l'anglo-saxonne, outre qu'elle veut ruiner et anéantir le Germain, son grand gêneur depuis longtemps, a fait choix, à part elle, de ce qui lui convient dans l'héritage de son ennemi et dans celui des alliés de celui-ci. L'Italie, bien que latine, n'est pas sans avoir marqué de sa fine griffe un lambeau de la proie future.

La France, seule, ne prétend à rien de matériel ; elle se bat, donne son sang et jette son or pour assurer la sauvegarde du monde ; elle défend l'idée contre l'orgueil brutal et grossier. Elle ne demande rien, sinon son Alsace-Lorraine ; elle n'établit aucune prévision sur ce qui pourra lui revenir en plus. Il est à redouter qu'après avoir tant souffert et tant dépensé, elle ne se laisse, par délicatesse, frustrer de ce qu'elle a mérité. Plus que sa beauté, plus qu'aucun de ses charmes, plus que sa charité ardente et que sa pitié émouvante, la générosité désintéressée de la France — qualité infiniment rare parmi les plus précieuses — vaut d'être universellement admirée.

Naturellement toutes ces qualités ne vont pas sans défauts. Encore ceux-ci ne proviennent-ils que de certaines exagérations de certaines classes de son peuple. Le paysan notamment est par trop économe et le bourgeois timoré.

Lors de la déclaration de guerre, on put s'étonner de voir une si grande foule se presser autour de la Banque de France et des établissements de crédit pour en retirer son or et ses valeurs. Il est vrai que ces pusillanimes pouvaient s'être effrayés de mesures qui avaient soudainement raréfié le numéraire. Néanmoins, en voyant cela, je me remémorai, non sans un peu de chagrin, certaines déclarations faites précisément au sujet de l'or quand la guerre menaçait. « Nous pouvons être inférieurs aux Allemands, disait-on, pour l'armée et même la marine ; pour l'artillerie lourde, et pour les dirigeables, nous sommes peut-être en retard, mais nous avons plus d'or que les Allemands et cet or nous les fera vaincre. »

Pourquoi reprendre si vite cet or considéré comme une supériorité dans la lutte? Certainement, durant les matins de fin juillet, on aurait trouvé dans la foule des réclamants ceux qui, peu de temps auparavant, mettaient dans ce métal leur fierté patriotique et leurs espoirs de victoire.

Quand l'on créa les Obligations de la Défense Nationale, l'or français ne s'y consacra d'abord que médiocrement ; pour l'encourager, il fallut de la publicité, des réclames dans les journaux, des affiches. Lors de la récolte de l'or, à laquelle on dut recourir en 1915, on eut l'idée merveilleuse de promettre une vignette à tous les déposants ; l'instigateur de ce procédé connaissait admirablement la psychologie du peuple français dont l'on tire ce que l'on veut, moyennant le moindre certificat officiel : c'est en créant des petits drapeaux pour la boutonnière et des médailles de carton ou de métal que les « Journées patriotiques » et le « Secours National » réalisèrent de très beaux succès. Bref, la vignette de la Banque de France fut beaucoup plus efficace que l'appel émouvant de M. Ribot. Mais derrière les maniaques et les curieux un mouvement de fond, le mouvement du pays s'étendit en larges vagues. Les ouvriers, les plus petites gens allèrent échanger contre des billets leur pécule d'or péniblement amassé ; des apprentis et même des invalides de la guerre cotisèrent leurs sous pour en tirer quelques louis, et des collectionneurs se dépouillèrent d'inestimables raretés numismastiques.

Ainsi, .à les bien examiner, les défauts de la France ne sont guère plus désagréables que la poussière qui empêche les bijoux de trop briller.

*
* *

Par contre, les vertus de France brillent du plus vif éclat. Les exemples de ces vertus sont innombrables et cette guerre en a donné beaucoup de très frappants, dont je ne retiendrai qu'un seul, rapporté par le baron de Maricourt.

Pendant les combats de la Marne, alors que d'horribles flamboiements rougeoyaient dans Senlis, où les Allemands se conduisaient en démons, on mena à l'ambulance un lamentable blessé dont les entrailles avaient été déchirées par six balles. L'homme atteignait l'heure suprême où, pour le Français, tout s'efface dans le pardon ; il remarqua une expression douloureuse sur le visage d'un Allemand qui avait surveillé son transport, il le fit approcher et, dans un serrement de main, prononça ces paroles merveilleuses : « Bonne chance, au moins pour toi, camarade ! » puis il mourut. Un Prussien eut peut-être déchargé sur son ennemi quelque browning dissimulé: en tout cas, on ne nous a jamais appris, à l'avantage des Allemands, un épisode revêtu de pareille beauté. Le Français est tout entier dans le pardon généreux de ce moribond de Senlis.

Pour moi qui ai déjà bien combattu dans les

journaux de mon pays en faveur des qualités de la France, je continuerai et j'essaierai sans cesse de mieux faire. Je voudrais tant que la France fût connue comme elle mérite de l'être ! Puisse-t-elle, quand son calvaire sera fini, quand elle aura payé de trop de sang des erreurs où son cœur n'était pour rien, puisse cette France vivre longtemps et donner au monde ses claires idées du Beau et du Bien !

CHAPITRE III

A PARIS LORSQUE LA GUERRE ÉCLATA

C'est la troisième guerre dont je suis le témoin. J'avais onze ans lorsque le Japon lutta contre la Chine. A distance, ce n'était pas une grosse affaire ; les deux adversaires ne semblaient pas avoir d'importance dans le Monde. Les Puissances d'Occident ne virent là qu'un conflit pittoresque entre personnages d'estampes, farouchement armés de casques à antennes et de sabres trop longs. Pour les Japonais l'affaire était grave. Nous devions faire montre de notre nouveau savoir militaire, encore précaire, inspiré des méthodes modernes. et nous ne possédions pour cela que des forces réduites : six divisions, plus une division de la Garde Impériale. Toute l'attention du pays était concentrée sur ses soldats, et je ressens encore l'angoisse qui, à l'école où j'allais, serrait le petit cœur des enfants à l'heure où, le matin, arrivaient les nouvelles des batailles.

Pendant la guerre mandchoue, je fus plus à même d'apprécier l'ampleur de cette autre aventure ; elle semblait considérable. Pour le pays, c'était une question de vie ou de mort ; il avait

assemblé tout ce qu'il possédait d'armée active :
13 divisions, y compris une division de la Garde ;
les réserves, tenues en second plan, portaient l'ensemble des combattants à un million environ.

La guerre pesa beaucoup plus cette fois sur la
population, mais le sentiment national acceptait
l'épreuve sans regret ; on n'analysait pas le sacrifice et, seule, la victoire importait.

Cette volonté et ce désir de la gloire du Japon,
malgré la mort, furent exprimés avec une vivacité
particulière dans le dernier adieu qu'un soldat, sur
le point de rentrer avec l'armée triomphante, après
la guerre russo-japonaise, venait donner à la
tombe de son camarade tué en pays mandchou.
Tout en pleurant de chaudes larmes, ce brave disait : « Kato, je retourne au pays et je conterai
à ton père combien tu t'es battu vaillamment.
Toi, tu reposeras paisiblement ici, puisque ton
corps est couché dans de la terre désormais japonaise. »

Le patriotisme qui assure l'avantage sur l'adversaire ne doit pas comporter de faiblesse ; ses
larmes ne peuvent être que celles de ce soldat.

Si important que fut le mouvement soulevé par
notre lutte contre les Russes, il ne saurait en rien
se comparer à celui que j'ai vu de la grande guerre
à son début, quand auprès de moi Paris se trans-
formait, d'une heure à l'autre, comme dans un
gigantesque changement à vue. Je sentis d'autant
mieux les palpitations, les affres de la situation
que je fus pour mon compte très inquiet quand la
colonie japonaise ayant, sur le conseil de l'ambas-

sadeur, quitté la ville menacée je restai, après
l'avoir voulu, seul et désorienté.

*
* *

La stupéfaction de Paris, mis en face de l'inévitable, fut extrême. Si grave qu'ait paru le conflit
autrichien suscité en juillet, on ne pensait pas qu'il
pût amener l'Europe à se battre. On en avait vu
bien d'autres ! Tout le monde croyait à un nouveau
bluff de l'Allemagne, que l'on apaiserait avec les
moyens ordinaires... Les départs, les installations
n'étaient troublés en rien. On était tout à l'affaire
Caillaux ; on se passionnait pour les incidents
que, chaque jour, elle suscitait.

Lorsque furent posées les affiches de la mobilisation, des incrédules se demandèrent s'il fallait
se fier à leur texte ; la catastrophe semblait d'autant moins croyable qu'elle tombait en plein été
d'un Paris ensoleillé, nonchalant et loin des épou-
vantes de la guerre.

Il y eut, certes, une heure sombre, une heure
faite moins de consternation que d'ahurissement
devant un abîme inattendu et soudain entr'ouvert.
Les esprits tourbillonnèrent, allèrent d'un extrême à l'autre, parce qu'ils n'avaient pas le temps
de se fixer ; on cherchait, à la fois, à mettre au
point les préoccupations de famille et les affections,
et à envisager les craintes de ruine et les dangers
de l'avenir. Chez beaucoup de vieilles gens, les
souvenirs de 1870 créaient des perspectives d'horreur ; dans une rue de quartier populaire, je vis

une femme sans chapeau qui, agitant un journal
du temps du Siège, courait en criant que les
Prussiens étaient aux portes de Paris. Quelque
temps après, ayant su au Ministère de la Guerre
l'avance des cavaliers allemands dans le Nord, j'en
donnai la nouvelle à une famille amie ; on me
répondit par des exclamations et des cris qui me
laissèrent tout décontenancé.

« Pourquoi, pensais-je, perdre la tête à ce
point ? »

Mais bientôt, surtout dans le peuple, le tempérament français reprit le dessus ; on ne montra ni
fureur, ni fanfaronnade ; le ton général se résumait
en ceci : « Cette fois, ça y est... Eh bien ! nous
irons les trouver, car voilà assez longtemps qu'ils
nous cherchent. »

La mobilisation se fit sur cette impression ;
aussi réussit-elle pleinement. On ne vit point
de manifestations outrancières, sauf le soir du
1er août, sur les boulevards : intempestives levées
de pancartes menaçant Berlin ou monômes de
bizarres étrangers dont les cris et les immenses
drapeaux disparurent dès que l'on voulut les employer utilement.

L'âme de la France était toute dans le peuple. La
mobilisation absorbait les hommes par vagues
énormes. A Paris, les gares, contre toute attente,
suffisaient à l'énorme débit que l'on exigeait de
leur étroitesse, ce qui dut surprendre extrêmement
les espions allemands. On avait fait la part des
résistances, même collectives, au recrutement et
l'on s'attendait à un gros déchet ; or le déchet fut

nul. L'ennemi avait trop compté là-dessus ; il dut souffrir de ce résultat.

Ce fut, pour l'étranger, un spectacle inoubliable que celui de l'exode des appelés à la guerre. Chaque jour on apprenait des départs parmi ses relations chères ou amicales. On finissait par éprouver la sensation presque matérielle de l'ordre décollant l'individu de son alvéole sociale pour le jeter dans les grands courants dirigés vers la frontière.

A tout instant de la journée, une foule également dense, calme, marchant selon le rythme imprimé au début (le rythme que le devoir presse mais que le regret attarde), une foule sans cris, sans grands gestes, s'assemblait aux mêmes points de départ, coulait dans les mêmes rues jusqu'à l'entrée mouvante des gares. On allait beaucoup à pied, parce que les voitures manquaient et pour se séparer moins rapidement ; les gens se parlaient peu et se regardaient longuement. Les partants avaient de vieux vêtements fripés et déteints que tiraillait sur le buste la sangle de la musette. On avait repris l'usage affectueux de se donner le bras, perdu depuis longtemps.

Les barrières plantées devant les trains militaires laminaient ce qui restait de différence entre les mobilisés : tel élégant, descendu d'une limousine capitonnée de claires étoffes, se faisait aussitôt interpeler par un sergent de garde ; riches, pauvres, bourgeois, ouvriers, manœuvres se mêlaient sur le quai d'embarquement, s'engouffraient au hasard dans les wagons à chevaux sans que plus rien ne les distinguât les uns des autres. Ce fut le plus formidable appareil de service obligatoire — donc de nivellement — qui se vît jamais. Du jour au lendemain, se confondaient sous les mêmes capotes un gouverneur général de l'Indo-Chine, un évêque du Siam, des consuls, de hauts universitaires, des magistrats de la Cour d'Appel — voire du Conseil d'Etat, — des préfets, des savants, des moines, d'anciens colonels. L'abnégation de ces personnages se vouant le plus naturellement, le plus volontairement à la promiscuité du rang était si extraordinaire qu'elle stupéfia et émerveilla maintes fois les étrangers? C'est l'intime agglutination de cette élite à la pâte nationale qui donna à l'armée française cette aspiration idéaliste et cette qualité héroïque qu'admira le monde entier.

*
* *

Sans arrêt, pendant des semaines, Paris livra tous ceux de ses habitants qui étaient capables de faire des soldats de première ligne. Cet angoissant défilé impressionnait d'autant plus qu'il traversait une atmosphère morne, malgré le soleil. Les autobus ayant été réquisitionnés, les voitures et les tramways étant raréfiés, Paris était devenu sans bruit ; le talon des passants sonnait d'une façon étrange sur les trottoirs qui paraissaient élargis ; les rares autos qui circulaient encore allaient rapidement, comme sans but.

Le moutonnement des gares de mobilisation, pour superbe qu'il fût, ne devait cependant être trop parcouru : il y avait de la douleur un peu partout ; au moment de la séparation, des mères retenaient contre elles leurs fils, et des femmes leurs maris ; de petits enfants s'accrochaient d'instinct à leur père que des sergents appelaient.

Ce qui m'a le plus surpris en Occident, c'est le manque de sang-froid dans la surprise ou dans l'adversité et l'inaptitude à s'accommoder des circonstances néfastes. L'Européen a trop de nerfs ; son imagination va vite ; l'activité suit le sentiment ou plutôt la sensation, s'enflamme, puis subit une réaction profonde en sens inverse. La force continue me semble de beaucoup préférable à la force très grande, qui donne son effort par à-coups retentissants. Aussi mon émoi fut-il grand quand, au lendemain des beaux jours de la mobilisation, je vis presque toutes les maisons de commerce fermées comme pour un deuil. Les commerçants demeuraient sous l'effet déprimant de la séparation ; l'idée d'une réaction immédiate et nécessaire ne s'était pas imposée à eux et ils ne s'étaient pas dit que la résistance au mauvais sort est un devoir moral ; elle est matériellement indispensable ; l'arrêt d'un fonctionnement ordinaire est toujours préjudiciable et, plus il se prolonge, plus ses conséquences sont difficiles à corriger. Personne, en haut lieu, n'avait donné à entendre publiquement que la poursuite de l'existence nationale, le plus près possible de la vie normale, était une bataille d'arrière plan presque aussi utile que les combats du front et qu'on se devait aux soins du patrimoine que les soldats étaient allés défendre.

*
* *

Le matin, dans les rues vides, les oisifs béaient devant les affiches fraîches. J'entendis un jour des badauds s'étonner des mesures nécessitées par l'abondance d'étrangers ennemis ; ils n'en paraissaient pas croire leurs yeux : cet afflux de cosmopolites jaloux et scrutateurs était cependant un des maux de la France auquel on ne remédiait pas.

L'effronterie des étrangers de cette sorte allait croissant, à mesure qu'on la laissait s'étaler ; les méfaits, les goûts de ces indésirables passaient au compte de leurs hôtes. L'habitude qu'on avait de ces parasites était telle que de bonnes âmes s'employèrent, au moment de la guerre, à sauvegarder ou leur personne ou leurs biens et que des séquestres se firent un devoir de ne point causer de préjudice à ceux d'entre eux qui, bien par hasard, avaient été saisis.

*
* *

L'autorité, à peine moins désorientée que l'opinion, ne se soucia pas suffisamment de ferments de panique qu'il était bien facile d'apaiser. On laissa les sociétés de crédit clore leurs guichets devant des gens qui venaient simplement faire de la monnaie pour assurer le détail de leurs paiements de fin juillet, et l'on préféra laisser la foule s'allonger, se tasser et piétiner durant des heures autour de la Banque de France. Fatalement, le lende-

main, les Etablissements avaient affaire à des
flots de clients réclamant leurs dépôts ; cette fois,
l'on ferma les guichets. Instantanément l'or se
raréfia et s'engloutit en des cachettes d'où l'on eut
grand mal à le faire sortir, plus tard, grâce aux réclames vantant les Bons de la Défense Nationale
et reproduisant en fac-similé le certificat promis à
tout citoyen qui viendrait échanger ses louis
contre du papier de valeur égale.

On laissa aussi se produire la ruée aux provisions. Parce que le ravitaillement avait été gêné et
diminué de quantité par le manque de wagons ré-
servés au transport des troupes, des accapareurs
s'avisèrent de créer une hausse que l'on n'empêcha
pas tout d'abord ; le public put croire un instant
qu'il pourrait être affamé. Un simple avertissement de police, publié à temps, eût certainement
entravé les friponneries de boutiquiers, les dé-
sordres de la première heure, les bousculades et
les bris de devantures (1).

Donc, grâce au manque de décision rapide de
l'autorité urbaine, beaucoup de Parisiens effrayés
emplirent leurs armoires de sucre — dont le prix
baissa aussitôt après le pillage de quelques épice-
ries — et de pommes de terre, qui, trop fraîche-
ment extraites du sol, germèrent et pourrirent.

Mais tout cela n'était qu'un petit côté des pre-

----

(1) H.-G. WELLS a conté dans *la Guerre qui tuera la guerre*
comment de pareilles exactions se produisirent à Londres :
un ami japonais m'a dit qu'à Berlin le public agit de même
quand la guerre éclata. Ce genre de désordre fut donc général.

miers effets de la guerre sur Paris. De plus sérieux événements allaient donner à la ville une
physionomie plus typique et plus saisissante.

*
* *

Le 27 août, les journaux lancèrent une série de
nouvelles impressionnantes. Le Ministère était
bouleversé, modifié, élargi, sensationnellement
augmenté des socialistes notoires Guesde et Sem-
bat ; le ministre de la Guerre était changé ; au
général Michel, gouverneur de Paris, était substi-
tué le général Galliéni, de relief plus impression-
nant.

Les Parisiens, tranquilles la veille, étonnés de
tant de faits nouveaux, eurent l'intuition inquiétante de dangers qui les menaçaient sans qu'ils
le sussent. Il ne se produisit cependant aucune
panique ; les vendeurs de journaux élevèrent le
ton de leurs clameurs, les passants accusèrent
quelque penchant à la mélancolie, et ce fut tout.

Dans le communiqué du 29, beaucoup ne distin-
guèrent rien d'étonnant, bien qu'il révéla ceci : « La
situation de notre front, de *la Somme* aux Vosges,
est restée aujourd'hui ce qu'elle était hier. »

La déclaration usait de ce vague correctif : « Les
forces allemandes paraissent avoir ralenti leur
marche. »

« De la Somme aux Vosges ! » Les faubouriens
n'avaient pas fait attention ; la Somme, c'était
encore très loin pour eux ; mais un âpre article de
M. Clémenceau souligna de traits mordants tout

ce qu'il y avait de menace dans cette *Somme* habilement escamotée. Il fallut bien que l'on s'inquiétât ; toutefois l'inquiétude ne se transforma jamais en agitation.

Par suite, on a fort blâmé la rédaction de ce communiqué qui, sans en avoir l'air, avouait une chose énorme. Il ne me semble point que l'on ait eu tort d'agir ainsi. Au Japon, dans une circonstance cependant moins grave de la guerre mandchoue, on fit de même en cachant la perte des deux grands vaisseaux « *Hatsusé* » et « *Yashima* » coulés devant Port-Arthur, afin de ne pas alarmer le peuple ; chacun, si le fait avait été connu, aurait supputé les conséquences de la disparition de ces deux cuirassés, comptant parmi les cinq meilleures unités de la marine ; l'effet moral eût été désastreux, au moment où l'escadre de la Baltique approchait.

Il fallut le vol d'un taube sur Paris, les affiches réglementant l'évacuation de la zone militaire, de tristes débarquements de Belges et d'envahis à la gare du Nord, et surtout les bruits annonçant le départ du Gouvernement pour que l'on sentît enfin l'Allemand et que l'on se décidât à partir. Durant des jours et des nuits, une foule anxieuse s'écrasa contre les grilles de la gare d'Austerlitz et campa jusqu'au Jardin des Plantes sur les bagages qu'on lui refusait. Il y eut de semblables entassements devant les terrasses de la gare de Lyon, mais l'impression était là moins pénible, à cause du bruit et de l'éclairage des cafés.

Deux jours plus tard, en hâte quelque peu désordonnée, le Gouvernement s'en fut à Bordeaux ; les Banques, les journaux le rejoignirent.

Paris restait abandonné à lui-même entre deux proclamations, celle de « *l'Officiel* » fugitif et une autre de son Gouverneur tenant en quelques mots fermes : « Je ferai mon devoir jusqu'au bout! »

La surprise ne fut pourtant pas extrême, ni l'émoi très grand. Le soleil était si clair, les approvisionnements si abondants, que l'idée d'une catastrophe ne venait à l'esprit de personne ; un vieil habitant des Ternes m'affirmait que la confiance persévérerait tant que les poireaux se vendraient quatre sous la botte.

Le calme de la ville, jusqu'à la victoire de la Marne qui la libéra, fut extraordinaire et je puis me le rappeler sans émotion. Paris ne fut jamais si charmant et ne le sera plus d'une façon aussi rare ; bien des badauds, en allant l'après-midi aux bons endroits guetter les taubes, découvrirent leur ville. Je fus tout surpris de la piété qu'un montmartrois mit, un matin, à me dépeindre les beautés des ramures bordant la Seine le long des Tuileries ; jamais il ne s'était aperçu que les arbres se croisent là en voûte gracieuse.

Mais c'était la nuit que Paris s'offrait encore plus émouvant : ce n'était qu'une immense tache sombre ; rien ne subsistait de son décor lumineux de jadis ; on se perdait sur le boulevard ; les lampes à arc de la chaussée, les lumières multicolores des théâtres, des music-halls, des cafés, des cinémas, tout cela s'était éteint d'un coup. Il n'y avait plus d'affiches phosphorescentes, de signaux

tournoyant aux carrefours, plus de rires, plus
d'accords de violons. Plus loin on allait, plus le
noir de la ville devenait opaque ; on ne voyait que
de temps en temps des lumières palpiter comme
des âmes aux écoutes. Cette évocation, toute de
calme et de mélancolie, met brusquement une
angoisse au cœur, quand, à distance, l'on songe
aux effroyables conditions que les Germains ap-
portaient avec eux : la Capitale brûlée, secteur
par secteur, jusqu'à ce que la France capitulât....

La victoire de la Marne, que l'on n'apprit d'ailleurs que par morceaux, ne suscita aucune griserie. Paris continua à vivre de sa vie paisible et
végétative. Le sentimentalisme populaire avait
des trouvailles dans les quartiers populeux : rue
d'Allemagne, un patron de bar avait voilé de gaze
grise le pavillon de son phonographe et épinglé
cette annonce : « on ne fera de musique qu'après
la Victoire. » Boulevard Saint-Martin, un por-
traitiste louait aux dames des costumes d'Alsa-
ciennes ; et l'on plaisantait Bordeaux que l'on
savait gai : « La crème dont l'Aquitaine s'enor-
gueillit, disait-on, n'est en somme qu'une écume ! »
Lord Kitchener intriguait, et l'on se demandait
quel formidable inconnu tenait dans ses promesses... On disait que les Cosaques avaient débarqué à Edimbourg et y avaient donné de la
vermine ; de mieux renseignés s'amusaient de ces
affirmations, attendu que lesdits Cosaques cam-
paient, selon eux, à Marseille, et nombre de gens
prirent le lent chemin de fer des Invalides pour
aller voir les Russes à Versailles. C'était le bon

temps où l'on escomptait l'écrasement des Prussiens par le « rouleau Compresseur » dont les proportions, exagérées par les journaux, effaraient les imaginations.

A la gare de Champigny, où passaient presque tous les trains de blessés que l'on commençait à montrer, et de soldats d'Alsace que l'on reportait dans le Nord, des habitants, émus par la circulation incessante de tant de misère souffrante, s'étaient cotisés, avaient fait des quêtes discrètes et, jour et nuit, sur les quais, distribuaient aux militaires le produit de leurs collectes. Ce fut l'un des débuts de l'expansion admirable de charité privée qui devait gagner toute la France.

*
* *

Bien que la Presse française et surtout la Presse parisienne aient été tôt bridées par la Censure, et par conséquent diminuées, leur rôle, dans les débuts de la guerre, vaut d'être étudié. Dès les premiers combats, les journaux se mirent un peu follement à précéder l'opinion dans un sens optimiste ; aucun d'eux ne sut ou ne voulut faire état des réalités toutes proches ; leur tenue se trouva être à peu près celle des gazettes de 1870, transformant les insuccès en victoires, et traitant en vaincus les Allemands victorieux. Au moins en ce qui concerne certaines feuilles du soir, qui se faisaient l'écho d'événements sensationnels, bien des faits excessifs furent annoncés : Allemands désapprovisionnés et mourant de faim, égarés en

Belgique ; uhlans lamentables, aux bottes crevées et semelées de carton ; Zeppelin défoncé par un avion héroïque.......

Il fallut vite, hélas ! abandonner cette exubérance pour s'enfermer dans un silence que l'on disait motivé par des raisons d'ordre supérieur. Quand ils connurent l'envahissement, les quotidiens dispensèrent habilement la vérité, et ce fut avec une vigueur inaltérable qu'ils prêchèrent l'espoir et la conviction de la Victoire.

Tout alla bien jusqu'à l'Aisne, après quoi des flottements se reproduisirent. Les Latins ont le caractère vif et mobile et leur tempérament ne peut s'accommoder facilement d'une situation à longue échéance. Les bulletins politiques émirent d'impossibles éventualités ; l'ingéniosité de leurs rédacteurs s'évertua à évaluer tous les concours qui pouvaient aider à l'anéantissement des Barbares.

De même que l'on s'était inquiété, tout d'abord, de la collaboration anglaise et de l'alliance italienne, on se mit à souhaiter l'intervention japonaise, pour se rabattre ensuite sur celle des Etats Balkaniques. Cette tendance finit par devenir un peu maniaque. On ne pouvait ouvrir un journal sans y rencontrer une interrogation : la Bulgarie marchera-t-elle ? Les Grecs comprendront-ils l'intérêt qu'ils ont à entrer dans le conflit ? La Roumanie ne doit pas demeurer immobile ! Cette tendance, à vrai dire, n'inspirait pas uniquement la presse française, mais encore toute l'opinion, les gouvernements et les chancelleries des pays alliés.

Ce dont les journaux français ne sauraient être

assez loués, c'est l'abandon total qu'ils firent de leurs opinions particulières pour se donner unanimement à la tâche patriotique de soutenir la résistance et l'espoir ; il n'y eut jamais chez eux d'appréhensions et de fléchissements comparables à ceux de certaines gazettes allemandes, le *Vorwaerts*, par exemple. Et quelle aide pleine de piété, de cœur, de générosité ingénieuse n'apportèrent-ils pas à la charité officielle ou privée !

En France, d'ailleurs, le fond de la race est solide ; ce ne sont que le procédé et l'apparence qui varient et fluctuent. Le Français — j'aurai maintes fois l'occasion de le dire dans ce recueil d'observation — a toute sa force, qui est considérable et d'espèce merveilleuse, dans ses qualités fondamentales ; il n'aime pas marquer de la vigueur dans ses actes : c'est ainsi que sa haine pour l'ennemi allemand n'est mordante et terrible qu'au front ; dès la troisième ligne, le *Boche* ne lui paraît pas pis que le *Prusco* de 1870 : c'est un balourd dont l'épaisseur amuse, et l'on ne veut pas rechercher en lui la brute impitoyable et l'assassin farouche.

Cette manière détachée et souriante dans la magnanimité comme dans l'héroïsme est tout à fait spéciale à la race française. C'était elle qui donnait l'air le plus simple et le plus naturel aux Parisiens de septembre — menacés de quelle mort ! — elle qui instinctivement doit avoir inspiré l'anonymat dont le Gouvernement a voulu recouvrir, comme d'une bure épaisse, les gloires de l'Armée. Les citations englobent souvent des régiments, des brigades, des divisions entières, même des armées, pour n'avoir pas à mettre en relief trop de particuliers, et la tombe du mort au champ d'honneur ne porte pas toujours le numéro de l'unité à laquelle il appartenait.

Cet incognito du soldat, voulu pour tous les membres d'une armée, est infiniment louable et tout à fait inusité ailleurs, que je sache.

CHAPITRE IV

VISITE AUX CHAMPS DE BATAILLE

Je suis bien aise d'être resté à Paris tandis qu'à la fin du mois d'août 1914 la colonie japonaise, sur le conseil de notre Ambassadeur, émigrait à Bordeaux, à Lyon, et à l'étranger. Pourtant, autour de moi, tous étaient pessimistes.

Je me rappelle un débat entre confrères de la Presse, au début de septembre. Certains annonçaient et détaillaient le passage des Allemands à Chantilly, en marche sur Paris. On n'élevait guère de protestations contre ces informateurs ; au contraire, on prenait texte de leurs déclarations pour discuter l'investissement et le siège possibles ; les avis étaient plutôt décourageants, malgré les efforts de deux ou trois contradicteurs, qui rappelaient la fière et belliqueuse résistance de la ville en 1870-1871. J'étais de cœur avec ces derniers. Il me semblait impossible que Paris fût cerné et surtout qu'il fût pris par les Allemands sans que ceux-ci eussent auparavant culbuté, sinon défait, les armées ménagées par l'habile retraite du général Joffre et paralysé ainsi toute action offensive de la France.

J'étais aussi de l'avis de ceux qui assuraient qu'il n'appartenait pas aux envahisseurs descendus de Belgique d'attaquer Paris. Il me semblait que l'armée de von Kluck devait, non seulement se libérer du Généralissime, mais encore concourir, en les prenant à revers, à l'écrasement des troupes françaises qui résistaient et agissaient sur la ligne Verdun-Belfort. La descente de von Kluck au sud-est de la capitale et la bataille de la Marne, qu'elle détermina, devaient nous donner raison.

On s'est plaint des circonstances qui empêchèrent la bataille de la Marne d'avoir des résultats plus effectifs : c'est raisonner sans réflexion. Comment peut-on se plaindre de n'avoir pas obtenu mieux, alors que, si l'on avait obtenu moins, c'était le sort de la campagne qui se trouvait compromis ? Quelle aurait été, en cas de défaite, l'initiative du reste désemparé des forces françaises ? Que serait devenu Paris ? S'il y eut des fautes, comment juger de ces détails devant le résultat acquis, alors que l'armée française s'organisait en se battant chaque jour ?

*
* *

Mon angoisse fut grande durant la première partie d'une action que Paris savait engagée, mais dont il ignorait l'importance. On se demandait où allaient les troupes qui traversaient sans cesse la ville ; le canon semblait tonner tout près, sans que l'on pût définir dans quelle direction.

Lorsqu'un peu de détente se produisit, je m'enquis de la possibilité d'aller sur les lieux de combat. On voulut bien autoriser mon enquête et l'on me désigna la Marne.

J'arrivai le 10 septembre à Lagny. Les deux ponts servant aux communications principales étaient démolis ; je dus pousser un peu au nord et gagner une hauteur d'où l'on domine la plaine, à l'est. Des convois d'artillerie dessinaient partout de grandes lignes souples dans la direction de l'ennemi. En descendant, je rencontrai plusieurs régiments africains et je croisai plus loin un groupe de prisonniers allemands : cinquante saxons environ, y compris plusieurs officiers. Un major à eux allait en tête, à cheval ; on eût cru qu'il se trouvait chez lui : sa gêne était nulle, et il interrogeait les gens qui passaient ; je l'entendis qui demandait à des automobilistes, assez ahuris, le chemin de Mitry. Le groupe n'avait pour surveillants que trois gendarmes et deux fantassins ; aussi le major avait-il beaucoup plus l'air de mener son escorte que d'être mené par elle ; il avait sans doute une extrême confiance dans l'avenir et il devait être convaincu qu'on le délivrerait rapidement. Je fus choqué par cette tenue quelque peu arrogante de la part d'un homme humilié dans son honneur.

Au Japon, où l'honneur est tout d'une pièce, on n'admet pas qu'un soldat puisse se rendre ou même qu'il puisse être pris en dépit de sa volonté ; c'est une loi morale, une obligation naturelle, à laquelle on ne saurait contrevenir. Si un colonel japonais était fait prisonnier, sa carrière militaire serait brisée ; jamais plus, il ne pourrait commander un régiment ; chose inouïe au Japon, *le soldat ne lui obéirait plus* ; il serait déconsidéré en tant qu'homme, et il vaudrait mieux qu'il allât vivre ailleurs que chez lui. Je me souviens du cas d'un officier très brave qui, blessé pendant un combat en Mandchourie, se trouva emporté par les Russes alors qu'il était évanoui ; après la guerre et quoiqu'un tribunal militaire l'eut acquitté — sur la preuve faite de son impuissance au moment où l'ennemi l'avait capturé —, on le mit à la retraite. S'il y eut quelques officiers japonais qui, faits prisonniers en Mandchourie, revinrent au Japon après leur captivité, on ne les vit pas longtemps : ils s'exilèrent d'eux-mêmes. Au cas où il lui est impossible de résister à trop d'adversaires, le guerrier doit terminer sa vie.

Lorsque se donnèrent les batailles de la Marne, il y avait à Paris quelques officiers japonais en mission ; l'un d'eux fut autorisé à suivre les combats français ; son bagage militaire fut bientôt prêt, certes, mais il perdit bien du temps en courses nombreuses et inutiles pour se procurer une arme — sabre ou revolver — ; les armuriers avaient été débarrassés de leur stock par l'autorité prudente ; à défaut de mieux, l'officier se pourvut d'un couteau catalan, dont, me dit-il plus tard, il n'aurait pas hésité à se frapper si, par impossible, il était tombé vivant aux mains des Allemands.

L'impossibilité d'être captif s'affirme au plus profond de nos obligations, dans nos coutumes les plus éloignées. Les guerriers des temps héroïques, non seulement se faisaient tuer ou se suicidaient plutôt que d'être pris, mais encore, avant de mourir, mettaient leurs dernières forces à se déchirer le visage afin de ne pouvoir être identifiés. Ce sentiment n'a pas perdu de sa valeur aujourd'hui. Quand en Mandchourie notre transport *Hitachi-Maru*, chargé de tout un régiment, fut coulé par des navires russes, les officiers japonais se dévêtirent et se jetèrent à l'eau en tenant leur revolver. Le revolver? pour tuer tout ennemi se présentant à portée et se tuer ensuite ; tout nus ? pour qu'aucun uniforme n'accusât leur qualité d'officier. Puisse cette conception de la dignité, peut-être un peu farouche aux yeux de l'européen, se conserver longtemps parmi les vertus japonaises, en dépit de ce que nous vaudront d'amollissement les perfections de la civilisation et les succès économiques !

Mais pour une grande guerre comme celle qui ravage le monde en ce moment, et surtout pour un pays comme la France où la population n'augmente pas et dont les hommes de 18 à 48 ans sont sous les armes, le gaspillage d'hommes au nom de l'honneur est inutile et même dangereux pour l'avenir du pays. Chaque nation a ses coutumes, et l'on aurait tort d'imiter un peuple parce qu'il fut victorieux ; il faut se rappeler que le Japon n'a mobilisé qu'une petite partie de ses jeunes hommes pendant la guerre mandchoue, tandis que la presque totalité de la population masculine des pays actuellement belligérants est sous les drapeaux.

*
* *

Je visitai Sézanne et ses environs, qui furent un des principaux points d'appui de la bataille de la Marne. Les maisons un peu élevées, les clochers d'église, tenus sans distinction pour des abris d'observation, avaient été écrasés par l'artillerie allemande.

Du château de Mondement, d'où le Kronprinz et son Etat-Major s'étaient échappés peu héroïquement, j'arrivai par une descente rapide aux fameux marais de Saint-Gond où s'engloutit la première Garde Prussienne, la vraie (1). L'impression de désastre ne s'était pas dissipée et pesait étrangement sur ce formidable lieu de mort. En plus d'un endroit où le canon avait fauché dru, les Allemands avaient été couchés par tas et sous les morts, les blessés que l'on ne pouvait tirer qu'à grand'peine étouffaient et hurlaient. Quand j'arrivai sur les lieux, des prisonniers allemands — indifférents et paisibles, semblait-il — tiraient sur des cordes pour sortir de la bourbe d'imposants obusiers.

Plus loin, l'aspect du champ de bataille prenait du pittoresque dans l'épouvantable : c'était une énorme jonchée de vêtements, d'uniformes, d'armes, de buffleteries, de sacs, d'équipements, de cartouches, de toutes sortes de munitions, un incroyable semis de bouteilles vides, dont les fuyards s'étaient débarrassés en courant. Dans

(1) Cet engloutissement a été démenti par la suite.

la moindre dépression pouvant servir d'abri, des cadavres se putréfiaient.

Si prodigieuse que fut, en ces lieux, la quantité de matériel abandonné le long des chemins que les Allemands avaient suivi dans leur retraite, elle ne saurait être comparée à celle qui jalonna, après Charleroi, la coulée des Germains de Belgique sur la France. Point de meilleure preuve que cet envahissement était prévu sans arrêt et sans aucun encombrement pouvant entraver son élan ; ce qu'on laissait n'était rien auprès de ce que l'on allait prendre, et puis il y avait tant de certitude de retrouver le tout au retour victorieux !

Après un rapide séjour à Montmirail, dont les dernières maisons semblaient saccagées, et dont le vieux maire avait été assassiné par un officier allemand, je gagnai, le 18 septembre, les champs de bataille du nord de Paris.

A Chantilly tout était sauf. La ville fut préservée par l'heureuse initiative de son maire qui s'en alla, loin au devant des premiers uhlans patrouilleurs, offrir l'indispensable rançon faite d'indemnité immédiate et de ravitaillements futurs.. Tout se passa bien, comme souvent en pareil cas, grâce à la présence d'esprit, au sang-froid et au savoir faire de fonctionnaires avisés.

L'étranger, devant la brutalité manifeste de l'envahissement, ne peut se défendre de penser à ce qui arriverait dans sa Patrie en même circonstance. Je me rappelle l'alerte qui eut lieu dans la guerre mandchoue, quand trois bâtiments russes parvinrent à se glisser près de nos côtes. Aussitôt les paysans et les pêcheurs s'armèrent à la hâte, décidés à lutter contre tout débarquement. Je suis certain que. si les Allemands étaient arrivés à Paris, une bonne partie de la population aurait pris les armes et aurait follement défendu la capitale, maison par maison ; plusieurs de mes amis me firent l'aveu de cette résolution et je crois qu'ils l'auraient mise à exécution, malgré toutes ses conséquences.

A Senlis, le dégât fut ce que l'on sait. Il y eut surtout l'imbécile sacrifice d'un innocent otage, M. Odent, maire de la ville, qu'aucune circonstance ne pourra excuser.

La barbarie allemande a d'autant plus stupéfié l'étranger, appelé à la constater, qu'elle était inattendue malgré toutes les théories livresques que l'on connaissait bien. Jamais on n'aurait supposé que l'Allemagne, au renom de si grande puissance, pût employer dans la guerre les mesquins, lâches et immondes procédés de la barbarie africaine. On peut excuser la cruauté instinctive du sauvage, mais quel historien pourra justifier la cruauté systématiquement organisée d'un peuple conscient de ses actes ! Il semblait que les déclarations fameuses de Bismark et les enseignements de von Bernhardi sur la nécessité de terroriser les populations n'étaient que des menaces préventives, des bluffs susceptibles de méduser les « occupés » et les empêcher de gêner le plan de l'envahisseur. Eh bien ! non, ce n'étaient pas là de simples théories : c'étaient des moyens d'action effectifs. Ce qu'il convient de flétrir plus que le fait, c'est l'hypocrisie d'un peuple puissant, à réputation de grandeur, j'y insiste, qui s'ingénie à codifier, en manière de justification, dans une sorte d'évangile audacieusement dénommé Kultur, toutes les exactions, toutes les violences et tous les crimes.

Des exactions, de la violence, des crimes, il y en eut à l'infini. L'armée allemande se fit précéder d'un souffle d'épouvante. L'ensemble des forfaits commis par tout ce qui marcha sous les aigles impériales atteint à une horreur inouïe que l'histoire de tous les peuples et de tous les temps ne relata jamais, et si les coupables ne devaient pas trouver leur châtiment, c'est qu'il n'y aurait plus de justice dans le ciel...

Qu'une armée inaugure de lâches procédés de meurtre indigne d'un guerrier — balles explosibles, gaz asphyxiants, projectiles empoisonneurs, jets de vitriol et pluies de pétrole enflammé —, qu'elle massacre de sang-froid, après le combat, blessés et prisonniers, la honte et l'ignominie marquent ses drapeaux ; mais qu'en outre elle martyrise d'humbles villageois que le sort lui livre, alors le qualificatif manque pour la déshonorer suffisamment, à tout jamais.

Rien que d'après ce qu'il m'a été donné de constater de hideurs de ce genre, dans mes excursions, je puis dire que les rapports dressés par les autorités françaises sont restés au-dessous de la vérité, et il est probable que les constatations à semblable fin formées par les gouvernements russe, belge et serbe — entourées d'ailleurs de garanties et étayées de témoignages incontestables — sont,

de même, restées en deçà de l'horreur accomplie.
Partout de monstrueuses iniquités, où la férocité
s'allie à la couardise : bombardement de villes ouvertes, contributions levées sous des prétextes
dérisoires, pillages organisés, incendies règlemen-
tés, martyres d'otages, molestations de prêtres,
égorgements de vieillards et d'enfants, viols de
femmes et de jeunes filles...

Les Germains ont accumulé sur eux toutes les
hontes, mais il faut flétrir particulièrement cet
usage des « boucliers » qu'ils ont innové. D'Occident en Orient, la manière ne change pas. L'Autrichien, de mœurs plus douces que le Teuton, n'a-
git pas autrement que lui envers les campagnards
serbes sans défense ; les Hongrois dépassèrent
même, certaines fois, la virtuosité d'assassin des
Poméraniens, dans la torture de Cosaques surpris, la noyade de prisonniers encombrants, la
torture de vieilles femmes et le flétrissement d'im-
potents ahuris. La Pologne, autant que les
Flandres, eut ses croix de supplice et fut abreuvée
de sang innocent.

D'ailleurs, dès le début, ces gens-là donnèrent
un aperçu de leur futur savoir-faire, quand ils
couvrirent d'outrages les ambassadeurs et les
consuls, quand il dépouillèrent et emprisonnèrent
des voyageurs qui étaient encore leurs hôtes. Et
nous allions au sein de ce peuple chercher des leçons de philosophie, de science et de droit, et nous
envoyions là nos étudiants, comme au centre de
la civilisation et du progrès !

La guerre, inéluctable fléau, parfois nécessaire

argument pour décider de la vie ou de la mort des nations, n'est-elle pas assez terrible en soi, pour que l'on y ajoute un supplément d'atrocité sans excuse ? La fuite devant l'ennemi des populations ruinées, effarées et pleurantes ne suffit-elle pas ? Je n'oublierai jamais, pour ma part, l'affligeant désarroi qui moutonnait aux grilles des gares parisiennes, au moment où l'on sut l'approche des Allemands et, plus tard, le navrant débarquement de Belges chassés de leur patrie par la chute d'Anvers : pauvres fouillis d'êtres qui n'avaient plus d'humain que des yeux angoissés et des lèvres douloureuses, privés de vêtements et souvent de chaussures, qui avaient marché des heures et des heures, souffrant de la faim et de la soif, poussés par les rougeoiements des incendies, pressés par la rumeur sans cesse grandissante qui précédait les envahisseurs ! Il y avait là des aïeules perdues, des petites filles sans mères, de vieux hommes dont la famille avait sombré dans les affolements du départ. N'était-ce pas assez de cette désolation inévitable ? Nous étions loin de prévoir de tels excès. Où étaient les tables du Droit, les lois de la guerre, les prescriptions de La Haye, si soigneusement étudiées et commentées, si solennellement paraphées et certifiées d'un accomplissement sacré ?

Nous, les Jaunes — ainsi que nous qualifiaient dédaigneusement les Allemands et qui, suivant eux, devions mettre en péril la civilisation sous quel torrent d'horreurs ! — n'avions jamais envisagé la possibilité d'une telle cruauté consciente dans une guerre survenant dix ans après la guerre de Mandchourie — donc, après plus de progrès acquis — entre belligérants particulièrement cultivés et doués, croyait-on, de sagesse et de modération. Or, on n'y a même pas, à beaucoup près, observé les prescriptions centenaire de notre *Bushido* (1) — immuable code de guerre et d'honneur.

Cette guerre de Mandchourie, on la considéra généralement comme ne mettant aux prises que de demi-civilisés ; n'empêche que l'action japonaise s'y poursuivit toujours correctement avec le plus grand souci d'éviter les dommages, l'injustice et la souffrance aux populations des territoires où se développaient les opérations. De très sévères et strictes mesures furent prises en ce sens ; le haut commandement mit à les imposer à l'attention des troupes une insistance qui ne se relâcha pas. Les instructions, d'abord fournies par les chefs de section, étaient ensuite commentées par le capitaine. Le Quartier-Général assembla même spécialement les commandants de compagnie et les offi-

---

(1) Le *bushi* — ainsi se qualifiait tout suivant des grands seigneurs féodaux — était considéré comme homme rare (*Hana wa sakura ni hitowa bushi* — comme la fleur du cerisier est la première de toutes, ainsi le bushi est la fleur de l'homme). Dans *Hogen Monogatari*, récit historique des événements qui s'accomplirent vers la moitié du XIIe siècle de l'ère japonaise et qui fut écrit peu après cette période, un grand héros, Tametomo, fixe en quelques sentences l'esprit du *bushido* : « Pour un « bushi », l'acte de tuer est inévitable. Cependant *bushi-no-michi* (autrement dit *bushido*) défend de tuer ce qui est impropre ; et, pour cette raison, bien que j'aie livré plus de vingt batailles et mis fin à d'innombrables existences, j'ai toujours combattu des ennemis permis. Et, bien plus, je n'ai jamais tué une bête fauve, ni pêché un poisson.

ciers supérieurs, engagea leur responsabilité personnelle dans l'accomplissement des dispositions arrêtées et spécifia qu'il ne serait fait aucune grâce au contrevenant.

Une correction semblable fut observée vis-à-vis de l'adversaire auxquels ne manquèrent jamais la justice et l'équité ; les prisonniers russes n'eurent à subir aucun mauvais traitement, et toute humiliation leur fut épargnée ; au Japon, ils étaient considérés avec autant de sympathie que les soldats du pays ; les malades furent toujours attentivement recueillis et soignés. Aucune inimitié, d'ailleurs, n'empoisonnait l'âme des combattants ; sur les champs de bataille, ces adversaires luttaient toujours en guerriers probes et, l'action finie, leurs blessés s'aidaient et se pansaient mutuellement.

Un officier de mes amis m'a conté des choses bien attendrissantes qui se passaient entre Russes et Japonais, au temps de la bataille du Shaho. Les deux armées se trouvaient séparées par une zone d'environ 500 mètres, dont les bords étaient défendus par des treillis de fil de fer. Cette zone était traversée, dans son milieu, par une piste où circulaient alternativement les patrouilles de l'une ou l'autre armée. Un jour, les éclaireurs japonais, ayant appris qu'une avant-garde russe devait parcourir le terrain, tout près d'eux, y disposèrent, bien en vue, un sac de bonbons et des cartes postales où souriaient de jolies japonaises ; quelque temps après, les Russes informés d'un passage de Japonais, répondirent à cette politesse par l'offre d'un vaste gâteau et de portraits d'agréables filles de chez eux, le tout accompagné de quelques mots aimables. La guerre ainsi faite perd de son horreur ; elle aide à une paix plus prompte. Les Russes et les Japonais, en se traitant courtoisement, apprirent à s'estimer et à se comprendre ; c'est ainsi que naquirent entre eux les germes d'une amitié qui tendit de plus en plus à les allier.

On ne sait vraiment pas à quoi attribuer le besoin de détruire farouche et inflexible qu'ont éprouvé les Allemands ; c'est évidemment un instinct, mais durci par les enseignements continus d'un programme inexorable.

Faut-il rechercher dans la physiologie une cause plus générale à l'implacabilité de la guerre européenne dérivée de la férocité allemande? Faut-il adopter la thèse d'un érudit réputé chez nous, qui établissait une ressemblance entre le tempérament de certains hommes et celui de certains animaux, selon la similitude de leurs aliments? « Le lion et le tigre », déclarait-il, « grands déchireurs de chair, sont, à cause de cela, bien plus féroces que n'importe quel herbivore, fut-il très sauvage... De même, le Japonais végétarien n'atteindra jamais à l'impitoyabilité sanguinaire de l'Européen, habitué au régime carné. Par contre, les Chinois, nourris de chair, se montrent cruels à l'excès, avec délice et avec recherche ».

Les Chinois sont loin cependant d'égaler les Allemands, d'autant plus que ceux-ci sont sans excuse, puisqu'ils s'érigeaient orgueilleusement en meneurs de l'humanité, en porteurs des flambeaux du Progrès et de la civilisation. Progrès, civilisation, lumière des lumières ! autant de masques odieux dont se parait une nation qui a accumulé plus de morts que les Huns, les Mogols et les Tartares ensemble.

. . . .

En m'abandonnant à ces pensées, je cheminai dans les champs où la désolation créée par le labour horrible des obus ne s'arrêtait qu'aux tristes limites de grandes bandes de tombes... J'arrivai à Nanteuil dans un état de fatigue extrême. Un hasard heureux me fit trouver une chambre chez un cabaretier, celle, me dit-on, qu'occupait précédemment un général commandant la 62e division.

Tout en me restaurant, selon les ressources modestes de l'auberge, j'assistai, non sans curiosité ni sans intérêt, à une discussion entre l'hôtelier et quelques habitants de l'endroit. L'hôte, fait curieux, ne pestait pas trop contre les Prussiens ; il est vrai que ceux-ci lui avaient acheté la moitié de ses provisions, le payant en bons de réquisition de valeur douteuse. Ces bons, à son avis, étaient quelque chose, tandis que les Français, survenus derrière les Allemands, avaient pris dans la maison le nécessaire et s'étaient remis en route sans rien donner. L'hôte n'était pas content et deux de ses compagnons, des paysans, le soutenaient ; mais un troisième injuriait l'ennemi qui avait forcé sa porte et pillé son maigre bien. Les autres ne démordaient pas de leurs idées et déclaraient que « le pantalon rouge » doit, en tout cas, payer sa consommation.

Je dus suspendre mon repas, sur l'invitation de

ces gens, pour arbitrer le débat. Je crois que mon opinion fut inattendue. J'étais encore sous l'impression des premiers rapports sur les atrocités des Allemands en Belgique et je ne pouvais admettre que les auteurs de tant de crimes pussent être justifiés, en général, par des exceptions louables, certes, mais insuffisantes.

Non ! la désolation injuste de la Belgique et du nord de la France ne pouvait s'excuser par la mansuétude relative de certains Allemands en ce village. A propos du dommage commis par les soldats français, je déclarai nettement ce que je pensais : « Vous n'avez pas assez ouvert vos maisons ; vous deviez offrir tout ce que vous possédiez ; on ne doit pas mesurer le pain aux guerriers qui se battent pour le pays ; il ne doit exister pour eux ni portes ni fenêtres. »

Je sentis que mon discours les étonnait et les déroutait ; je ne sais s'il les convainquit, du moins fit-il cesser les gémissements de ces égoïstes. J'eus le plaisir, après cette discussion et malgré ma lassitude, de causer avec deux chasseurs d'Afrique, en mission sur la route. Ce fut un contraste que j'appréciai vivement. Ces soldats me narrèrent le fol échec des premières fougues françaises contre les traîtrises allemandes : l'insidieux appel de cavaliers contre des abris de mitrailleuses, les terribles hécatombes qui s'ensuivirent et nombre d'autres manœuvres aussi lâches, dont, par bonheur, on sait se garder maintenant.....

Le lendemain matin, je retrouvai dans la salle du cabaret mes paysans qui gémissaient la veille.

Ils ne discutaient plus de leurs intérêts malmenés :
ils s'entretenaient du sort futur de la guerre et de
sa conclusion.

« Guillaume est fini, déclarait l'un.

— Je te crois, répondait un autre, et tu verras
les Prussiens faire leur République ».

Un troisième expliquait comment les Alliés, re-
feraient l'Europe...

Malgré mon habitude déjà assez grande des
choses d'ici, je m'étonnais et je pensais : « Le progrès — pour rudimentaire qu'il soit — qui éveille
l'attention de paysans sur d'aussi grands problèmes, n'est peut-être pas très bon ; ils comprennent mal, ces gens, et souhaitent néanmoins
le dénouement selon leur raisonnement faible et
borné d'hommes de village... Nos ruraux qui,
jusqu'à présent, ne connaissent de la diplomatie
que les rapports entre deux communes, rendront
le gouvernement bien incommode s'ils en arrivent, un jour, à une pareille somme de pauvre
science ».

Mais bientôt ce bavardage de cabaret perdait de
sa prétention pour aborder des considérations
plus terre à terre ; on parlait des Anglais et tous
vantaient le soldat d'Outre-Manche ; il me sembla
que c'était par sa solde élevée et son penchant à
la dépenser consciencieusement, que celui-ci cap-
tait les sympathies.....

De ce voyage, j'emportai la preuve de la barbarie allemande, la preuve aussi de sa tentative de
surprise manquée, et en traversant Paris, calme
sous un pâle soleil, qui semblait être fait pour

la ville éprouvée, je pensai en japonais :

> Toi qui as vu tant et tant de choses,
> Toujours brave contre tous,
> L'armée barbare n'a pu te toucher.
> Maintenant elle est loin et pour toujours,

. . . .

Rapidement l'automne vint sans apporter à la situation des changements notables ; les armées française et allemande, toujours en contact, se dirigèrent vers l'ouest, et, après les combats de Roye, en fin septembre, remontèrent vers le nord. L'armée française organisait ses positions péniblement et glorieusement conquises. On avait l'impression très nette qu'elle tenait simplement pendant que l'on préparait d'autres hommes pour les combats futurs et que l'on accumulait les canons et les munitions. L'hiver, qui approchait ; les grandes pluies de septembre et d'octobre devaient arrêter les grands mouvements et, à part les combats de l'Yser qui préludaient, rien ne semblait devoir modifier le front avant le printemps.

En novembre, le Gouvernement français invita les correspondants de guerre des pays alliés à visiter le front français en Flandre et en Argonne.

Sur la route ou, plus exactement, sur le canal de boue qui menait à Cassel, c'était une confuse mêlée de convois, un étrange fouillis d'autobus parisiens, de taxis londoniens, de vieux autos et de motocyclettes. Nous fûmes reçus par le général Foch ; bref, sec et froid, le vocabulaire restreint, mais admirablement clair, chef impassible, il s'animait seulement quand il parlait de ses troupes et de leur valeur pendant les combats de Flandre.

« La bataille contre un ennemi trois fois plus nombreux que nous, disait le général, a dessiné une ligne en zigzag, au hasard d'avancées plus ou moins sensibles ; je n'ai pu ni rectifier ni modifier cette ligne, par suite de l'entêtement de trop de braves, qui n'eussent jamais consenti à rendre le terrain gagné par eux. »

Un bourgeois, chez qui j'allais loger, me conduisit au sommet du mont Cassel, d'où je me rendis compte de l'aspect général des lieux de bataille que je devais visiter. Je reconnus tout de suite, comme nous l'avait indiqué le général Foch, qu'il y avait eu lutte en une plaine rase, particulièrement difficile à soutenir contre un ennemi capable de disposer d'effectifs copieux. Tandis que je pensais, à la fois, à cette difficulté et au nombre considérable de vies humaines, qui, chaque jour, disparaissaient dans cette terre blafarde, mon guide me fournissait des indications topographiques sur les lieux noyés dans la moire grise de la pluie : ici Dixmude ; là Ypres ; plus à gauche le phare de Dunkerque. On s'est appliqué à fendre en tous sens ces dangereuses étendues flamandes de fossés, de couloirs, de tranchées afin d'arrêter l'invasion, par larges nappes, d'un ennemi innombrable.

Après avoir rapidement visité Furnes, qui sert de capitale au lambeau de Belgique encore libre, et Pervyse, où nous fûmes copieusement arrosés d'obus, nous pûmes observer à Oostduinkerque le détail d'un admirable service d'évacuation de

blessés organisé depuis les grands combats engagés autour d'Ypres et capable, avec un matériel
restreint, de transférer à l'arrière, en une journée,
plusieurs milliers de patients.

L'ingéniosité intelligente peut créer parfois des
miracles. Ainsi, pendant la guerre Russo-Japonaise, il se produisit chez les Russes une admirable
entreprise qui demeura, un certain temps, tout à
fait inexplicable pour les dirigeants de nos armées.
On sait que les Russes n'étaient alors unis à la
Mandchourie que par la voie unique du transsibérien. Or, malgré ces moyens réduits, les effectifs
de l'adversaire s'accroissaient, dans un délai déterminé, du double de ce qui avait été prévu ; si
bien qu'au bout d'un an les forces opposées aux
Japonais étaient de 30 à 40 % supérieures. Que
s'était-il passé ? simplement ceci : la Russie avait
alors, à la tête de son ministère des Voies et Communications, un homme avisé qui avait eu l'idée
de ne point faire rentrer à l'arrière les wagons utilisés pour le transport des troupes et du matériel,
parce que le rail eut été improductif pendant tout
le temps du retour. Les voitures, à bout de course,
étaient immédiatement mises de côté et servaient
à abriter les hommes. Des wagons neufs partaient
sans cesse d'Europe en Asie. Le procédé était peutêtre coûteux, mais il offrait tant d'avantages que
la dépense était utile...

Bien que j'aie beaucoup voyagé, je ne me souviens pas d'avoir été jamais pris par l'attirance
d'une ville comme à Ypres. Peut-être aussi le tragique des circonstances ajoutait-il aux beautés de

cette cité. Les Halles, à moitié démolies sous le bombardement allemand, m'apparurent sans doute plus belles parce qu'elles venaient d'échapper à l'incendie ; quand, plus tard, en 1915, ce monument a été anéanti par le feu, j'ai ressenti autant de peine que si j'avais appris la destruction d'un temple précieux de chez nous.

Avant d'aller à Ypres, nous étions passés par Reninghe, défendu par des tranchées de zouaves. Une puissante émotion nous gagna quand on nous dit que sur le terrain où nous nous trouvions était mort ce zouave légendaire et anonyme qui, poussé vers les lignes françaises avec d'autres prisonniers, rempart vivant pour les Boches, et se rendant compte de l'hésitation des fusils qui n'osaient se braquer vers les « boucliers », s'indigna et commanda, furieux : « Mais tirez donc, nom de Dieu ! »

Plus d'un guerrier japonais se fut peut-être conduit, dans le même cas, comme ce Français, avec autant de décision, mais non sans escompter la gloire impérissable devant en résulter pour lui et pour les siens. Ici, rien de semblable. Le zouave était sûr que son nom ne passerait pas à la postérité — il n'y est d'ailleurs pas passé — et, au lieu de guetter quelque chance de se sauver il ne pensa qu'à ses anciens compagnons qui seraient pris s'ils ne tiraient pas. Alors, comme s'il avait été de l'autre côté, il provoqua le feu qui devait le tuer.

A chaque moment, il en est ainsi dans l'armée de France. L'un des officiers conduisant notre groupe m'assurait que pendant la bataille de

Flandre, on vit, par centaines, des actes semblables.

Ce qu'il y a de plus particulièrement émouvant, c'est le dernier désir des mourants de savoir toujours, avant de s'éteindre, le sort du combat, et tous se sont endormis avec la joie de la victoire.

Que n'y eut-il pas ? Le général Grossetti, qui dictait ses ordres en se promenant sous les obus ; l'amiral Ronarc'h, qui lutta avec ses fusiliers marins, dont on ne sait pas encore toute la vaillance, jusqu'à ce que ses lieutenants de vaisseau fussent diminués de 25 à un seul.

Pourquoi, avec des soldats de cette trempe, avec, chez elle, tant de héros à l'état latent, la France était-elle un pays mal jugé, d'action extérieure à peu près nulle et laissait-elle piller ses forces vives sans s'inquiéter des Allemands qui la guettaient ? Des Allemands ! la France n'en avait cure ; elle croyait ou se donnait l'illusion de croire qu'ils n'oseraient pas. C'était la conviction générale que les Prussiens étaient trop pauvres pour faire la guerre longtemps ; et même dans les cercles patriotiques, on disait couramment que la France avec ses aéroplanes, ses sous-marins, son « 75 » et son or, n'avait à redouter personne...

On sait quels sanglants démentis la guerre a donnés à cette assurance. L'Allemagne débordait de ressources qu'on ne s'était pas donné la peine de discerner ; ses avions, ses dirigeables étaient supérieurs à ceux de ses voisins de l'ouest ; parmi ses submersibles se cachaient des types insoupçonnés, d'une très grande puissance ; elle était pourvue, à défaut des meilleurs canons de campagne, d'une artillerie lourde dont on n'avait pas idée ; et de l'or, elle en possédait assez pour espérer pouvoir acquérir le moyen d'aller dépouiller l'adversaire de tout le sien.....

Heureusement la France possédait une force qu'elle ignorait, tant elle était enfouie profondément, et qui émanait des lointains de son passé : la force de son âme éternelle qui l'a sauvée.

*
* *

Après un bref passage à Paris, nous fûmes envoyés en Argonne et nous pûmes apprécier, dès le premier jour, sous la conduite du général Sarrail, alors chef de la troisième armée, la défense extérieure de Verdun, dont les Allemands avaient pensé pouvoir s'emparer pendant les combats de la Marne.

En examinant les fortifications, des hauteurs dominant la ville à l'est et au nord, j'eus la certitude de l'inviolabilité de Verdun et je me rappelai l'opinion rassurante d'un officier japonais, au retour d'un voyage d'études qu'il fit dans l'Est de la France.

« Les Allemands, me disait-il, ont beau prétendre posséder la plus grande puissance militaire du monde, je voudrais bien voir le résultat qu'ils obtiendraient contre le front français, armé comme il l'est. »

Les Allemands n'ont jamais dû être très convaincus de la possibilité de prendre Verdun et les autres places fortifiées de l'Est ; c'est pourquoi, depuis longtemps, ils dirigeaient tant de voies ferrées vers Aix-la-Chapelle.

Ce Verdun que j'ai vu deux fois, mais toujours avant le 21 février 1916, a légué aux champions du droit et de la civilisation un nom immortel ; l'héroïque résistance de son armée a bouleversé l'opinion qu'avaient sur les soldats français et sur la France le monde entier et particulièrement le Japon ; je regrette vivement de n'avoir pu assister à cette gigantesque offensive allemande, que j'aurais voulu raconter plus tard à mes compatriotes.

Au Japon, comme je l'ai indiqué déjà, il y a beaucoup de gens en place qui ont longuement séjourné en Allemagne ; la victoire de la Marne, la résistance sur l'Yser, l'offensive de Champagne, n'avaient pas produit une grande impression sur eux. « Malgré tout, disait-on toujours, les Allemands sont plus forts sur le front occidental que les Alliés, qui non seulement ne parviendront pas à percer les lignes ennemies, mais encore ne résisteront pas à une offensive puissamment organisée. Mais lorsque commencèrent les violentes attaques contre Verdun et que la résistance française se fut nettement affirmée, tout le Japon pensa que les Français valaient mieux qu'on ne l'avait cru.

D'après les experts militaires, une place forte attaquée avec des effectifs et du matériel suffisants doit forcément succomber ; les défenseurs de Verdun furent obligés de reculer et il semblait qu'ils ne pussent être sauvés que par une contre-of-

fensive aussi importante que l'offensive ennemie,
soit à droite, soit à gauche de la place. Or les Français conservèrent Verdun pendant des mois en
se bornant à la défensive. Sans doute n'avaient-
ils pas les moyens, à ce moment, de contre-atta-
quer avec l'ampleur nécessaire pour dégager la
ville ; mais dans cette résistance héroïque, ils
mirent au jour leurs puissantes qualités indivi-
duelles qui devaient leur assurer à jamais l'admira-
tion, le respect et la confiance du monde.

. . . .

Comme nous arrivions près de Marre, les pièces
lourdes tonnèrent pour répondre aux batteries
allemandes qui essayaient de détruire les positions françaises. Ce bruit était formidable, même
pour ceux qui avaient entendu d'assez rudes ca-
nonnades en Flandre, si bien que, peu accessible
à la peur, je fus tout à coup ébranlé. Je tentais
vainement de surmonter cette impression un peu
ridicule, mais mon organisme trop impressionné
échappait au contrôle de ma volonté, et je compris
alors ce que je ne pouvais imaginer auparavant :
la folie, ne provenant pas de la peur, dont sont
saisis certains combattants. Par Bar-le-Duc et
Epernay, en automobile, nous atteignîmes Reims.
Au premier moment, sans doute parce que j'étais
encore sous l'impression de la ruine totale de
Sermaize et des petits bourgs de la Marne, Reims
ne me sembla pas trop abîmé ; mais au fur et à
mesure que nous poursuivions notre promenade,
on nous fit connaître de terribles choses. Les habitants, assez nombreux, paraissaient cependant

s'insoucier de leur situation critique ; ils allaient dans les rues selon leurs besoins ; des boutiques étaient ouvertes sans qu'aucune disposition fût prise pour les garantir des obus. Dans la suite, la pauvre ville vouée à la destruction devait, hélas ! connaître bien d'autres maux que ceux que nous constatâmes pendant notre visite.

La cathédrale n'était alors qu'au début de son martyre, et dans sa robustesse générale on ne voyait pas trop les plaies que lui avaient faites les canons prussiens. Ce qui impressionnait surtout, c'était l'émiettement des vitraux sur le pavé et, au sommet des murs, la dévastation des rosaces, qui me parurent être des yeux crevés.

On a beaucoup discuté, pendant que nous étions à Reims et plus tard, sur l'utilité de restaurer la cathédrale. L'opinion qui a paru dominer et que je partage est de laisser la basilique avec toutes ses blessures, afin que les générations futures puissent constater, matériellement le crime des Germains.

A mon retour à Paris, j'avais la conviction consolante que la France, surprise en août, s'était ressaisie et que désormais la valeur de ses troupes et la supériorité de ses armements lui assureraient la victoire.

. . . .

Depuis, le printemps de 1915 a succédé à l'hiver. Le travail de la nature ne fut pas suspendu par l'épouvante de la plus horrible des calamités qui aient bouleversé la terre de France. Les aspects de la désolation et de la mort se sont atténués.

Les villageois ont peu à peu rejoint les hameaux désertés et reconquis ; les habitations ont été tant bien que mal réparées ; les champs ont pu recevoir leurs semences et l'herbe des moissons futures recouvre le piétinement des armées remontées vers de plus grandes batailles. Les vents d'hiver ont emporté d'abord les coiffures militaires dont les tombes étaient surmontées ; puis ils ont balayé les ramures et les fleurs dont une piété attendrie les avaient recouvertes ; les pluies ont effacé les noms sur les croix ; lentement, jour par jour, elles ont nivelé les légers monticules des tombes. Les moissons cacheront bientôt les traces plus profondes de l'invasion et il n'y aura plus, pour crier vengeance vers le ciel, que les clochers découronnés et les pyramides de pierrailles hâtivement amoncelées pour désigner les plus grands ossuaires.

. . . .

En juin 1915, je visitais la Woëvre. A la gare de l'Est, sauf un gros afflux bleu grisâtre de militaires, tout est à peu près comme en temps de paix. On sent là, comme ailleurs, que la France n'a plus de fièvre. Tout ce qui reste de la nation : femmes, enfants, vieillards, travaille dans la mesure de ses forces, autant que les soldats du front, afin que la Patrie ne s'appauvrisse pas, que la vie économique subsiste, que le commerce continue, que l'industrie fabrique et que les champs reçoivent leur culture. Il faut, pense-t-on, que les hommes mobilisés puissent se battre sans avoir de préoccupation derrière eux.

Un train rapide , qui n'existait pas il y a six mois, nous mène dans la direction de l'Est, à travers les champs de bataille de la Marne. Les ponts détruits sont déjà réparés, ou à peu près ; des maisons neuves apparaissent blanches à travers les arbres ; la vie renaît. Dans les villages, au bord desquels passe le train, on ne voit plus de soldats livrés à eux-mêmes comme il y en avait tant au début de la guerre.

Les sites où se développèrent les combats de la Marne n'ont plus l'air désolé ; on y distingue mal les marques de la dévastation causée par le canon. Après six mois, on ne peut presque plus retrouver trace de la plus formidable lutte armée qu'ait jamais vue le monde, et j'ai l'impression réconfortante que la France se relèvera rapidement de ses ruines.

. . . .

Les Eparges ! Un jeune capitaine nous conduit dans un abri d'observation, fort rapproché de l'ennemi. Nous devons passer par petits paquets, parce que le parcours doit se faire dans le champ de tir des fusils allemands.

On nous explique, par le menu, la situation des Eparges, maintenant célèbres . Ayant manifesté l'intention de me rendre sur le terrain même, j'apprends, non sans étonnement, qu'il faut deux jours pour y parvenir, dont une nuit pour aller et une pour revenir, car tout mouvement, si prudent soit-il, est impossible pendant le jour.

Les crêtes des Eparges sont, pour l'instant, au pouvoir des Français, et les Allemands se fortifient sur les flancs ou plutôt dans les flancs de la hauteur. L'ennemi est tellement encavé que, des sommets, il est impossible de le déloger. Une fois de plus, je constatai combien ce système de défense est difficile à réduire.

La ligne des Eparges, quoique moins haute, se dessine à peu près comme celle de la fameuse colline de 203 mètres qui défendait Port-Arthur. Instinctivement je calculai les efforts des troupes françaises, en songeant à la butte tragique qui fut trempée de tant de sang japonais ; les assauts répétés de la brigade « shira-tasouki-taï » (les bandes blanches vouées à la mort) atteignirent, je crois les limites suprêmes de l'héroïsme. Après trois tentatives vaines, le général Nakamura, recevant l'ordre de recommencer ses efforts, fit arborer ces bandes blanches qui, dans les temps anciens, servaient, pendant le combat, à retenir au haut des bras les manches flottantes des guerriers. Sous ce symbole, la troupe partit et ne revint pas. Grièvement blessé, le général voulut téléphoner, lui-même, à l'Etat-Major l'inanité de ses efforts ; quand il eut fini de parler, à bout de souffle, il reçut du Quartier Général l'ordre de continuer en dépit de tout.

On persista donc dans l'attaque qui, tactiquement, avait sa raison d'être..... A distance, on ne peut se rappeler sans amertume l'échec de si beaux élans, surtout si l'on songe que ce fut, en définitive, une circonstance fortuite qui aida à la prise de la position où avaient échoué et succombé tant de braves, et que sous le feu des gros mortiers qui écrasèrent Liège, Namur et Anvers, la colline de 203 mètres aurait fondu en quelques heures.

. . . .

On nous explique que des fougasses puissantes sont seules capables d'expulser les Allemands, assez peu habiles dans les travaux de sape ; leurs fourneaux explosent toujours trop tôt. Les prisonniers, faits à la suite de ces « manques à sauter », ne savent à quoi attribuer l'imperfection de leurs mines. Pourtant les Allemands sont ingénieux — un peu moins toutefois qu'on ne le croit généralement — car, en de nombreuses circonstances, ils se montrent inférieurs à leur réputation ; par contre, ils s'entendent particulièrement au terrassement et dans l'aménagement des tranchées.

Nous parcourons quelque peu de terrain, puis, non sans étonnement, nous arrivons dans des jardins, parmi lesquels se trouve un enclos pour démonstration de tous les ouvrages et pièges de campagne : entrelacs de fils de fer, tranchées, araignées, blockaus, boyaux de communication, etc... Les soldats qui sont là ont pris part à tous les combats d'Argonne, dont le retentissement fut si grand. Les officiers, presque tous jeunes, ne portent rien de l'uniforme de leur rang ; à peine ont-ils un bout de galon, posé à la diable sur une capote de troupier. Le moral est excellent.

En allant et en venant, je remarque avec satisfaction, et encore mieux que pendant mon dernier voyage, la discipline remarquable du soldat et la cordialité, à la fois familière et repectueuse qui l'unit à son officier.

Le troupier français témoigne généralement d'un grand insouci à gagner des grades.

Maintes fois j'ai reconnu chez de simples « poilus » des qualités d'intelligence et d'initiative capables d'en faire d'utiles auxiliaires du commandement ; or, ils se conduisaient comme s'ils devaient toujours demeurer dans le rang ; il arrive même que certains refusent les galons, afin de demeurer dans une unité qui leur plaît ou avec un chef qu'ils affectionnent.

Nous visitâmes ensuite Troyon, ou plutôt les restes du fort. Troyon, comme Liouville, n'avait que des fortifications en pierre. La pierre ne résiste plus aux formidables canons modernes. Chacun ignorait cela, les Allemands eux-mêmes, car leurs forteresses de Tsin-Tao, cependant construites à grands frais, n'avaient aucune défense spéciale : leurs coupoles étaient celles de toutes les autres puissances et nos pièces lourdes, cependant fort éloignées de la taille des 420, les écrasèrent sans difficulté.

Le lendemain, de bonne heure, nous allâmes au Quartier Général X..., pourvu, nous dit-on, d'une installation technique remarquable. Le poste de commandement, la salle du téléphone, celle du télégraphe semblaient, en effet, agencés d'après les tous derniers perfectionnements ; l'installation se complétait d'un laboratoire pour le développement des photographies prises par les services d'aviation. On nous présenta des clichés : le lacis compliqué des tranchées ennemies, sur une étendue considérable, tenait tout entier dans la plaque de l'opérateur. D'après ces documents on arrive à former de merveilleuses cartes d'étude, pour la préparation des attaques. Le services des renseignements était là particulièrement bien compris ; certaine carte épinglée au mur révélait minutieusement toutes les positions de l'ennemi d'en face, avec même le nom des chefs d'unités.

Le Bois-Brûlé, le Bois d'Ailly, d'autres encore sont tous sans arbres. De temps en temps, des balles allemandes sifflent et ricochent autour de nous ; par des trous de veilleur on nous fait voir les tranchées allemandes qui n'ont rien de remarquable, au moins en apparence ; ce n'est, dirait-on, que de la simple terre levée à quelques centimètres au-dessus de l'horizon borné.

Au Bois le Prêtre, où nous parvînmes ensuite, après un passage à Commercy, l'activité comme partout s'exerce souterrainement. A ma grande surprise on m'apprit que la conquête de la côte assez raide coûta peu de pertes ; l'artillerie avait tellement martelé l'ennemi que l'infanterie arriva au bout de son attaque, sans avoir presque donné d'effort. Du bois, il ne reste que des souches, et rien ne peut donner une idée de cette désolation des forêts ainsi tronquées, que les troupiers français appellent expressivement « brosses à dents ».

Les soldats allemands, faits prisonniers dans cette région, semblaient plutôt satisfaits de leur sort, qui aurait dû les navrer ; ils ne montraient qu'une confiance relative dans l'avenir de leur pays ; les officiers, pour la plupart, montraient moins de cette morgue agressive qu'ils affectaient en 1914 ; ils espéraient moins la victoire que la probabilité d'une paix honorable.

.   .   .   .

Au mois de septembre 1916, j'ai visité pendant trois jours les champs de bataille de la Somme, ainsi que l'installation des services de l'arrière en cette région. Je pus constater l'ampleur de l'offensive franco-anglaise qui venait d'avoir lieu. La supériorité de l'artillerie et de l'aviation françaises me semblèrent alors incontestables et, dès mon retour à Paris, j'eus grande joie à télégraphier mes impressions nettement optimistes aux journaux de mon pays.

Les Japonais, qui n'ont pas été mis à même de connaître l'énorme développement matériel de la guerre actuelle ne peuvent en discuter utilement. Il s'agit non seulement de manier des armées, mais d'assurer, en même temps, le jeu précis d'innombrables détails dont chacun est nécessaire à l'efficacité de leur action. Je me demande jusqu'à quel point serait valable, ici, la doctrine japonaise qui établit *que l'infanterie doit vaincre sans l'aide d'aucune autre arme.*

** **

La bravoure française ne manqua point, durant les batailles de la Somme, des manifestations à la foi téméraires, jolies et de particulière élégance qui lui sont propres. On me cita en exemple une compagnie qui, pour aller à l'assaut, se chargea de fleurs ; officiers et soldats, ayant à l'envi couverts leurs vêtements de bouquets, s'embrassèrent les

uns les autres fraternellement et puis coururent
se battre. Les lauriers français ne vont pas sans
fleurettes ni rubans. Le dragon pomponné de la
guerre en dentelles subsiste dans le poilu des
tranchées.

Au temps de notre épopée féodale, nos batail-
leurs avaient de ces recherches : eux aussi se pa-
raient pour aller au combat ; les plus jeunes se
fardaient pour mourir plus beaux, et il était de
coutume que le casque du guerrier de haut rang
fût parfumé du meilleur encens : la tête du héros
ne devant pas être exposée aux odeurs immondes,
après la mort.

*
* *

En dépit du soin apporté aux opérations tactiques, en dépit de la grande vaillance des troupes,
l'offensive de la Somme manqua d'aboutissement
pratique, en apparence tout au moins, et les Anglo-Français n'avaient peut-être pas le considérable
projet de percer l'ennemi à fond et de le poursuivre,
mais seulement celui d'attirer les Allemands dans
le nord de la France, pour dégager Verdun.

La guerre a pris d'énormes proportions, surtout
parce qu'on a laissé aux Allemands le temps de
s'organiser formidablement ; les Alliés paient cher
leur défaut de préparation armée, leurs négli-
gences, leurs tergiversations du début, leurs premiers manques de décision. La France ne sera
jamais assez plainte : elle ne fut pas seule à
commettre des fautes, et c'est toujours sur son
corps — je veux dire sur sa terre — qu'on se bat.

Maintenant encore on n'est pas assez dans la guerre. La période actuelle est extrêmement importante, sinon immédiatement dangereuse. L'attention de tous devrait se donner à cette unique nécessité : vaincre l'ennemi ; eh bien non, on recherche, loin de cette urgence, les causes susceptibles de ruiner l'adversaire automatiquement ; on prévoit chez l'Allemand les raisons d'ordre économique capables d'amener sa mort ; on suppute les effets d'une révolution susceptible de briser le militarisme prussien, comme s'il n'y avait pas là une institution autrement solide que le tsarisme ; on place sa foi dans le blocus, devant réduire les Impériaux à merci ; on fait confiance à ce fantôme, le *général faim*, qui doit vaincre pour l'Occident, tout comme on crut, jadis, en cet autre fantoche, le *général hiver*, qui devait donner la victoire aux Russes. Les histoires d'émeutes en Allemagne s'éternisent, et l'Allemagne dure. Pourquoi perdre du temps à ces puérilités ? Le bloc du Centre-Europe est trop vaste et trop compact pour qu'on le puisse aisément étouffer, d'autant que le blocus des Alliés n'a pas des bras assez impitoyables. On répugne trop à envisager cet effort, le seul utile : vaincre par les armes. Ma conviction à cet égard s'est singulièrement fortifiée de l'opinion que me donnait, il y a peu de temps, un expert militaire fort réputé chez nous : pour sauver la Patrie, ce n'est pas la dépense de canons et de munitions qui importe, c'est le sang, qu'il faut sacrifier... Les Alliés ont, malgré la défaillance russe, plus de soldats et plus de matériel que les Coalisés ; pourquoi ne prennent-ils pas rudement le dessus ? C'est qu'il leur manque une âme appropriée aux circonstances. En Angleterre, où l'arrière se trouve souvent assailli par l'ennemi, peut-être est-on plus tourné vers la guerre, mais Paris est surprenant ; un étranger de passage chez moi résumait, en cette déclaration l'impression déconcertante qu'il procure : il ne me semble point que je sois dans la capitale d'un pays, dont le salut fait encore question à moins de cent kilomètres de ses murs...

Comment le souci de vaincre, de se débarrasser d'un envahisseur implacable ne tient-il pas d'avantage l'esprit public en haleine ?

Durant notre guerre avec les Russes, bien que les batailles se donnâssent loin de notre pays, la nation entière veillait et attendait ; l'âme du Japon suivait ses soldats ; on ne pensait qu'à la victoire ; il n'était qu'une préoccupation, sans cesse échangée entre combattants et non combattants : vaincre ; les civils encourageaient, chaque jour, leurs enfants, leurs proches, à se bien battre, et les militaires, constamment, assuraient qu'ils auraient l'avantage ; à Tokyo, on voyait à chaque moment de longues théories de gens, de grands cortèges de villageois, venus de très loin, se rendre aux temples, drapeaux en tête ; une énorme et perpétuelle prière suppliait Dieu d'aider le Japon. Songe-t-on à ce que l'unanime vouloir de tout un peuple, concentré sur ce seul objet : vaincre, pouvait créer de force magnétique en faveur d'un résultat favorable...

Bien que le matériel de notre armée se trouvât

fort amélioré depuis la guerre avec la Chine, les soldats japonais avaient fort à souffrir en Mandchourie : leur existence était bien plus difficile, bien plus pénible que celle des soldats français actuellement, sous les rigueurs d'un climat tout en exagération, où les chaleurs atteignaient à l'horrible, en été, et où le froid d'hiver se marquait par 25 et même 30° au-dessous de zéro ; le pays était désertique, malsain et malpropre ; en plus, le ravitaillement, assuré vaille que vaille, non par automobiles, mais à dos d'animaux, ne pouvait fournir qu'un approvisionnement incertain et limité, quand il parvenait à destination, mais il arrivait que souvent l'intendance ne pouvait trouver ou rejoindre les unités lancées très en avant, et que les troupiers restaient, parfois dix jours durant, sans autre nourriture qu'un biscuit dur comme du roc. Mais les privations répétées, les duretés —, si cruelles qu'elles fussent — laissaient les combattants paisibles et calmes, parce qu'ils avaient la foi.

Quelle différence avec la mentalité d'ici ! La foi vascille au moindre vent contraire que le hasard souffle ; on passe de l'espoir à la crainte sans grande raison ; on varie du noir au blanc sans grand motif.

Tout le monde veut commander, ou du moins conseiller, mais personne n'entend souffrir. Alors que l'esprit public devrait accepter l'inéluctable nécessité dont l'Allemagne a tiré tant de profit : *une guerre, un chef,* on souhaite, on exige un pouvoir qui condescende à la quiétude de chacun. Dès que l'autorité militaire veut prendre trop d'initiative, les contrôles, les commissaires surgissent. L'autorité civile, en vue de ne léser aucun groupement et de se faire irresponsable, se fragmente à l'infini ; à chaque embranchement, à chaque sous-degré, sa vigueur se perd, si bien qu'elle finit par devenir inopérante, à son aboutissement, d'autant plus que les assujettis font merveille pour éviter ses prescriptions. L'individualisme, le souci que chacun a de soi crée l'aveuglement de toute une nation. Chaque décision prise en vue de rationnement soulève, du même coup, producteurs, détaillants et consommateurs ; les uns se fâchent pour leur bourse, les autres pour leur estomac : les pâtissiers deviennent fougueux, les épiciers trouvent de l'éloquence, la plainte des bouchers atteint au tragique, les charbonniers se vouent au suicide, le marchand de vins approuve ses voisins, derrière l'intangible barrière que forme son comptoir, personne n'observe qu'on fit beaucoup moins de bruit, au début de la guerre, quand on ferma les boutiques des armuriers, honnêtes citoyens qui avaient bien, eux aussi, quelque droit à l'existence, et cela ira jusqu'à ce que le manque soudain de tout le nécessaire provoque la stupeur et la révolte. Il y a deux ans et plus, l'Allemagne prudente en était déjà venue aux modestes privations qui actuellement s'imposent à la France : cria-t-elle si haut son infortune ?

En finissant cette page, je redoute d'avoir été trop sévère, mais il est impossible que, sous une ardeur dont je m'excuse, on ne devine pas la vérité, la raison qui me poussent, le souci que j'ai de voir la France prendre de meilleures mesures en vue d'être plus tôt victorieuse.

..... J'ai terminé, et je contemple la rue qui, soudain, est battue par une grosse pluie d'été. A chaque instant, je vois des gens se sauver sous les rafales, garant leur chapeau, relevant le col de leur vêtement afin de n'être point trop mouillés ; personne ne se fâche contre cette pluie qui, cependant, cause maints petits malheurs : la pluie est inévitable ; il ne servirait à rien de lui montrer le poing. Les Français, les Parisiens devraient faire de même quand il leur vient des ennuis nécessaires à leur plus longue résistance ; au lieu de criailler contre l'inéluctable rigueur des choses, ils devraient, ou la plaisanter, ou rechercher les moyens de la supporter au mieux.

L'ARMÉE FRANÇAISE

Pour bien des raisons, je me garderai, ici, de toute appréciation concernant, même en général, la stratégie et la tactique françaises pendant la guerre. On ne pourra les juger qu'à la fin de la guerre, après la paix venue et tous documents en mains. Jusque-là il convient d'accorder, d'après les résultats acquis, la plus grande estime et une confiance absolue au haut commandement ainsi qu'à ses collaborateurs immédiats.

Par contre, faute de pouvoir juger les plans de guerre français, il est permis d'examiner l'appareil chargé de leur réalisation, c'est-à-dire l'Armée. L'étranger la jugeait défectueuse au début de la campagne ; quand on la vit en retraite en Alsace, sur la Somme, sur l'Aisne, sur l'Oise, puis sur la Marne, on pensa que ce facteur militaire, sauf certaines parties, devait être insuffisant ; les francophiles peu avertis éprouvèrent une très grosse peine ; les autres — j'étais de ceux-ci — attendirent, pleins de foi, et ils eurent raison. Avec la France, il faut savoir réserver son impression.

Cette défaite de la première heure devait servir à démontrer toute la valeur du fonds guerrier français. Les Allemands avaient non seulement l'avantage matériel du nombre et d'une préparation de quarante années contre un adversaire armé rudimentairement, mais aussi la supériorité morale de l'élan qui les avait portés, d'un coup, du fond de la Belgique aux environs de Paris.

Depuis longtemps on n'estimait plus l'armée française ; sa solidité paraissait douteuse et son aspect n'inspirait pas confiance. L'étonnant est que cette armée, démilitarisée en temps de paix, n'ait pas été anéantie, dès le début, sous les coups terribles d'un choc technique. Sa rédemption — on ne saurait trop le dire — a été assurée par l'officier de troupe qui, au début de la campagne, s'est sacrifié autant qu'il l'a fallu, pour donner l'exemple, par le haut commandement, qui a su retrancher tout de suite des postes importants les non valeurs physiques et morales, et surtout par une force inattendue, surgie du plus profond du pays.

*
* *

Il m'arrive souvent d'être interrogé sur le soldat français et j'avoue que j'aime mieux avoir à répondre à cette question maintenant qu'autrefois.

Quand, tout au commencement de mon séjour à Paris, en décembre 1904, je rencontrais des soldats sur le boulevard, en semaine, mon étonnement était grand de ne point leur trouver l'allure très martiale ; souvent leurs vêtements étaient mal tenus et leur coiffure posée de travers ; ils ne s'inquiétaient pas des officiers qui passaient et parfois ne les saluaient pas lorsqu'ils les croisaient. Ceux-ci d'ailleurs ne marquaient aucune gêne de cette attitude, à laquelle, sans doute, ils étaient habitués. Et je me disais que la démocratie à outrance n'était pas propice à la rectitude indispensable à l'état militaire.

J'ai été à même, pour ma part, je ne dirai pas de souffrir — ce serait une expression trop forte — mais d'être agacé, froissé, par ce travers taquin et frondeur du Français, au temps où je dirigeais à Paris un bureau, occupant plusieurs employés. Si l'un de ceux-ci commettait une faute, je ne pouvais jamais le convaincre de ses torts ; j'étais accablé de tant d'explications, d'objections et d'observations, qu'il me fallait m'incliner et me contenter de me donner raison en moi-même. Ce qui n'est pas très grave en particulier peut le devenir en général, et je me suis souvent demandé comment, à part l'observation de la loi, on pouvait arriver à gouverner un grand groupement de Français.

La tendance à la tracasserie du supérieur par l'inférieur, qui n'est pas de l'indiscipline systématique, aurait peut-être fini par mal tourner. Mais la guerre est survenue et tout s'est arrangé.

La discipline n'a pas eu à s'imposer ; on l'a acceptée le plus naturellement du monde. Je n'ai rappelé l'état un peu flottant de l'armée française avant 1914 que pour avoir le plaisir d'affirmer, par contraste, non seulement son admirable élan au combat, mais son obéissance constante, persévérante, son dévouement, son affection pour ses chefs, que j'ai été à même d'apprécier partout dans mes voyages au front.

Je fus ému de cette qualité de l'armée française en campagne, si éloignée de ses faux mauvais airs d'avant la guerre et j'aurais voulu avoir auprès de moi, pour les convaincre, tels neutres à tendance mielleusement hostile, qui sont toujours à rechercher comment l'armée de France pourrait être meilleure.

Certes, la discipline française n'est pas la discipline des autres nations ; elle est comme le mors pour un cheval à bouche sensible : elle fait, pour ainsi dire, la part de l'indiscipline ; et cela est très bien dans une situation qui réclame du soldat de l'intelligence, du discernement, souvent de l'initiative individuelle et non une obéissance aveugle et automatique.

Les Japonais ne sauraient être ennemis de cette large bienveillance qu'emprunte la discipline française. C'est ainsi qu'en Mandchourie, au fort des plus grands combats, certain sous-lieutenant de ma connaissance avait reçu dans sa section un réserviste assez âgé, un de ces soldats qu'on envoie en surnombre dans les unités pour suppléer aux pertes de l'active ; ce réserviste était désagréable, entêté dans une sorte d'indépendance hargneuse et récalcitrante, qui lui venait de sa perte de l'habitude du rang. A toute remarque qu'on lui faisait à propos de ses rébellions, cet homme affirmait qu'on l'apprécierait mieux au moment de la bataille Et ce fut vrai. Durant la bataille du Shaho, la section engagée sur un point très dangereux perdit immédiatement son officier et ses sous-officiers. Quel ne fut pas l'étonnement du lieutenant tombé, mais les yeux encore fixés sur le combat, en voyant ses soldats continuer leur avance sous une rafale de projectiles, menés fort intelligemment par le réserviste. Après coup, l'officier sut que c'était cet homme indiscipliné, qui, le premier, avait pénétré dans la position ennemie — but de l'attaque — et qu'il avait fait merveille, avant de recevoir un coup de baïonnette dont il était mort, non sans avoir crié son amour pour le Japon et pour l'Empereur.

Le soldat d'aujourd'hui n'a plus les mêmes origines et n'est plus de la même pâte que le soldat de jadis ; il a aussi un rôle tout différent à remplir.

La discipline à exiger du soldat français en campagne doit être souple et familière ; elle ne peut être intraitable. Il faut qu'elle admette que certains éléments et certains caractères ne l'accueillent pas, en apparence du moins, de la même façon. Elle ne saurait assujettir les esprits à se ranger à un commun niveau ; elle s'inspire de sentiments élevés et de bonne humeur : on ne peut donc la considérer comme un élément de force purement mécanique.

A défaut de la discipline stricte, quel peut donc être le moteur déterminant la puissance incontestable de l'armée française ? Est-ce la haine de l'ennemi ? Est-ce l'exaspération contre l'envahisseur ? Oui, peut-être, chez certains : les gens du Nord et de l'Est, qui ont eu plus à souffrir de la barbarie allemande. L'essentiel est de savoir mener le Français sans en avoir l'air de paraître le laisser aller à son gré. Les Français qui se conduisent au combat comme des tigres et des lions méritent bien des égards, avant et après.

Cette bravoure, qui varie selon la fureur des combats, n'est pas cependant une bravoure globale ; elle est au cœur de chaque homme et l'on s'en convainc, quand des enfants perdus, des solitaires, sont demandés pour des entreprises périlleuses ; même quand la mission comporte le risque de mort, les volontaires sont toujours trop.

L'amiral Togo n'obtenait pas mieux lorsqu'il réclamait des sacrifiés pour le blocus de Port-Arthur : trente hommes étaient nécessaires, plus de trois mille s'offrirent parmi lesquels plusieurs avaient écrit leur demande selon la vieille mode japonaise, en se servant du sang coulé d'une coupure faite à leur petit doigt.

Ainsi procédaient les quarante-sept héros de notre *Tchoushingoura* qui, groupés pour la vengeance de leur maître sacrifié par un adversaire indigne, s'entaillèrent la main, recueillirent le sang de leur quarante-sept blessures et en burent chacun un peu, en symbole de leur indéfectible union dans le « kataki-uchi » (revanche).

Il ne me semblait pas possible qu'un peuple européen gâté par le confort du progrès et amoureux de la joie de vivre pût trouver pour l'exécution de tâches patriotiques, certes, mais obscures, d'aussi parfaits, d'aussi simples dévouements.

L'héroïsme individuel, surtout à ce degré, n'est pas le fait du soldat allemand.

Un ancien attaché militaire à l'ambassade du Japon à Paris, actuellement général commandant

une place forte, prévoyait une toute autre cause de
la supériorité des Français sur les Allemands. A
son point de vue, ceux-là étaient restés plus paysans que ceux-ci attirés davantage par l'industrie
et des grandes villes, et devaient l'emporter à la
guerre sur leurs voisins devenus douillets et
veules.

* *

En plus de la difficulté qu'il y avait à mener se
battre — et dans quelle Guerre ! — une armée formidablement inconnue, frondeuse d'instinct et
rendue rebelle par sa dernière éducation sociale,
une armée équipée et armée à l'impromptu, une
armée dont nombre de chefs n'étaient pas sûrs, le
haut commandement français devait souffrir de
l'inconvénient que lui créait son propre statut.

Il est de tradition, dans la plupart des pays à
forte institution militaire, que la direction technique des choses intéressant la Défense Nationale
soit libre d'entraves ; en principe, le Généralissime et le Chef d'Etat-Major général doivent échapper à toute subordination hiérarchique ou minis-
térielle comme à tout contrôle, parlementaire ou
autre, hormis celui du Chef de l'Etat. En Allemagne ce précepte indispensable est renforcé par
des dispositions accessoires : le grand Etat-Major
est vraiment inaccessible et intangible ; son Chef
ne connaît d'autre supérieur que l'Empereur, qui
seul vérifie ses travaux et a qualité pour les criti-
quer ; le Ministre de la Guerre n'est qu'un administrateur principal, un fonctionnaire supérieur

destiné à assurer le contact avec le Parlement et les Politiciens.

En France, la constitution de l'armée subordonne la direction supérieure de la guerre aux Ministres, au Gouvernement, aux Chambres, aux Commissions et Sous-Commissions, aux entreprises politiques, parlementaires et extra-parlementaires ; elle l'assujettit à une suprématie civile, par essence incompétente et ombrageuse. A part, me dit-on, deux ou trois fortes personnalités qui, à une époque déjà lointaine, réussirent pour un temps à rendre l'Etat-Major libre de contrainte, cette délicate et importante institution n'avait d'initiative à dépenser que dans le labeur, le dévouement et l'abnégation ; son travail, excellent — on le savait à l'étranger — était souvent gêné, entravé, discuté ; il fallait que ses auteurs le refissent bien des fois avant de pouvoir appliquer, sinon imposer, son incontestable utilité.

En France, pays du paradoxe, où l'on réussit tout ce qui échouerait ailleurs, le Ministre de la Guerre — comme d'ailleurs celui des Affaires Etrangères — est extrêmement variable dans une spécialité qui exige de la continuité. Civil, le plus souvent, dans la fonction la plus militaire du pays, le Ministre de la Guerre est tout et peut mener à son gré, à peu près en dehors des officiers, l'importante charge qui lui est confiée. Si le parti politique dont il dépend est puissant au Parlement, il peut se livrer à de dangereux écarts. N'a-t-on pas vu certains ministres de la Guerre et de la Marine faire de l'antimilitarisme ?

Par bonheur, au point le plus critique de la campagne, les circonstances amenèrent à temps un revirement heureux et remirent aux affaires de la guerre, après un occupant notoirement insuffisant, le seul ancien Ministre dont les initiatives avaient été heureuses. Celui-ci, — qui devait par la suite fléchir sous le fardeau de sa tâche — homme de travail et de grande capacité administrative montra immédiatement sa volonté de laisser au plus haut chef militaire, la conduite des opérations techniques ; il lui octroya un pouvoir absolu sur tout le commandement. Je crois que, si la direction supérieure de l'armée avait été aïnsi assurée avant la guerre, les troupes françaises, mieux en mains, auraient vaincu plus vite les Allemands et épargné à la Nation un surcroît de ruine et de deuil.

En même temps qu'un heureux concours d'événements replaçait à la tête du Ministère de la Guerre un homme capable, il faisait sortir de brigades obscures les vrais chefs dont l'armée avait besoin.

Un corps d'officiers, auquel rien ne permettait jusque-là de prêter des vertus exceptionnelles, dépensa tout d'abord largement sa vie pour accrocher les soldats sur des champs de bataille intenables ; puis, l'hiver venu, quand la stagnation des tranchées s'imposa, ces officiers s'employèrent avec persévérance et un zèle adroit à mener citadins, bourgeois, paysans, aristocrates et syndicalistes mêlés à la nécessité de demeurer jusqu'au ventre dans la boue. Ce que les officiers allemands, en face , imposaient par la rigueur à des hommes sane personnalité, il fallait que les officiers français l'obtinssent, moins par la valeur technique que par la douceur, la persuasion et la cordialité, de soldats doués de sentiments disparates et difficilement gouvernables.

Il me semble que les officiers français comprennent leur responsabilité comme les officiers japonais ; ils n'imposent pas leur autorité machinalement et sèchement, en vertu d'un droit et d'un privilège de caste comme en Allemagne ; ils l'exercent comme un devoir cher. Ils s'intéressent à leurs hommes, non pas superficiellement, en vue de produire uniquement un effet utile à leur pouvoir, mais avec leur cœur, par sensibilité ; on les voit interroger le soldat sur sa famille, ses occupations, ses projets ; en cas de graves malheurs, ce sont eux qui, souvent, préviennent les parents et les consolent.

Il en fut de même au Japon. Un capitaine de mes amis me contait récemment combien son émotion fut grande quand, au moment de partir en Mandchourie avec sa compagnie, il se vit entouré des habitants du lieu où il tenait garnison, parents ou amis de soldats qui allaient combattre ; tous n'avaient qu'une phrase : « Nobles soldats, braves soldats, remportez-nous une grande victoire ! » et ceux-ci répliquaient à l'unisson : « Soyez tranquille, nous emporterons la victoire que vous désirez. » « Alors moi, ajoutait le capitaine, ayant groupé plus étroitement ces villageois, je pris envers eux cet engagement : « Vos enfants me sont confiés, je vous jure qu'aucun d'eux n'entachera son nom ». Dans la suite ma promesse étant toujours présente à mon esprit, je surveillais mes soldats comme mes fils ; dans les circonstances graves, je ne manquais jamais de leur répéter, comme aurait pu le faire quelqu'un de leurs amis ou de leurs parents du Japon lointain : « N'oubliez pas quel fut le vœu des villageois avant votre départ ». Cet attachement devint si fort, qu'ayant été blessé à la bataille de Rio-Yang et transporté dans un poste d'évacuation non loin du front, je luttai de toute ma volonté contre le médecin-major qui ordonnait mon transport dans un hôpital plus à l'arrière ; je dus toutefois céder, mais quand, de cet hôpital, on voulut me transférer plus loin encore, je protestai si fermement à la pensée que je pourrais perdre de vue mes soldats, qu'on voulut bien me soigner sur place. Ma blessure d'ailleurs ne me fit pas trop souffrir, si bien que le dix-neuvième jour, je pus, quoique non guéri, repartir à mon poste. J'avais hâte d'y parvenir, harcelé par l'appréhension qu'il ait pu se passer quelque chose de blâmable à ma compagnie. Quand j'arrivai, je fus reçu par un lieutenant de réserve et un sergent-major : tous les autres gradés étaient morts ; de mes soldats, quatre-vingts seulement survivaient et tous m'accueillirent avec une grande joie comme des enfants retrouvant leur père. J'examinai en détail la conduite de mes sections afin d'établir des propositions de récompense, et je fus très embarrassé tant tout le monde s'était bien comporté. Notre joie fut sans bornes, quand nous apprîmes que la compagnie était citée à l'ordre du jour par le Commandant d'Armée.

« Qu'on ne croit pas, ajoutait ce capitaine, que ma fuite de l'hôpital fut une exception ; de nombreux officiers mal guéris se sauvèrent ainsi de leur lit, ne pouvant subir une situation qui les séparait de leurs hommes et les éloignait du combat ; leur esprit était sans cesse tourmenté par le sentiment de leur responsabilité et par la hantise que ce serait leur faute si, durant leur absence, leur troupe ne se conduisait pas bien. »

. . . .

Le sentiment puissant qu'il a de son devoir et son affection pour ses hommes, accru de tout ce qu'il y a de bon dans la démocratie, rendent l'officier français infiniment estimable. Souvent, à ces belles facultés de l'âme et du cœur, s'ajoutent des qualités de soldat comme celles de ces jeunes aspirants qui, au début des batailles de Belgique, se mirent des gants blancs et des plumes voyantes pour mieux se faire tuer ; de ce colonel Doury allant à la mort avec le sourire ; de ce petit lieutenant inconnu qui, pour prouver à ses fantassins, un moment intimidés, que les balles de l'ennemi ne portaient pas, dansa la gigue sur le bord de sa tranchée ; et de tant d'autres dont les noms déborderont les livres d'or.....

Le soldat s'accorde avec cet officier d'élite par des qualités de cœur également touchantes ; non seulement il veille à sa sécurité pendant le combat, le défend de son bras, le préserve de son corps et s'empresse près de lui s'il est blessé, mais encore, dans la vie courante, il l'entoure de soins, remplit d'une foule d'attentions son existence matérielle forcément pénible ; il s'applique à trouver du pittoresque — à défaut de la perfection — à ses menus. L'on ne peut se figurer ce que l'amour-propre culinaire a suscité d'héroïsme pendant cette guerre.

Il est inutile d'insister autrement sur la cordialité qui unit l'officier et ses hommes ; c'est un fait constant dont il y aurait à citer trop d'exemples ; il suffit d'être resté quelque temps au front pour l'avoir remarqué. En ce qui me concerne, j'ai eu le plaisir à constater ses heureux effets partout où je me suis trouvé.

Dans notre campagne de Mandchourie, il y eut un semblable état d'amitié et de mutuel dévouement entre les chefs et leurs soldats ; cette émulation atteignait parfois à la grandeur tragique. C'est ainsi, qu'au premier jour de la bataille de Moukden, la huitième division était désignée pour prendre position devant des forces ennemies, très supérieures en nombre ; on décida une attaque de nuit pour percer une ligne de tranchées particulièrement gênante. Malheureusement, cette position était bien gardée et, au petit jour, aucun résultat n'était obtenu. L'ennemi profitait du moindre indice pour couvrir les assaillants du feu de ses mitrailleuses.

Mille hommes étaient déjà tombés et il devenait évident que le restant des troupes engagées subiraient le même sort ; malgré cela, le colonel, quoique guerrier habile et de sang-froid, cherchait toujours à atteindre le but fixé. Vainement, son lieutenant-adjoint le suppliait de se résoudre à une formation en arrière ; il refusait et répétait : « C'est une honte pour moi que de ne pouvoir enlever cette tranchée ; je veux mourir ! » Il répéta tant de fois ce défi au bon sens, qu'à la fin le lieutenant exalté s'écria : « Si la mort vous fait tant plaisir, je vous tue ! » et il allait abattre son sabre. L'extravagance du geste, bien plus que la certitude du coup rappela le colonel à la logique ; il se décida à reculer.

Le lieutenant s'empresse de transmettre les commandements nécessaires pour la retraite ; mais alors les soldats jurent qu'ils ne partiront pas si vite, et ils menacent le lieutenant de leurs baïonnettes. L'officier comprend, à son tour, qu'il a mal fait et, au lieu de crier : « En arrière », il ordonne le rassemblement autour du colonel, sachant bien qu'ainsi il serait écouté. En effet, les soldats environnent le chef et, lentement, le régiment évacue le terrain pour se préparer à une autre offensive. Mais il faut laisser une arrière-garde pour couvrir ce mouvement ; le lieutenant, mécontent de lui, demande à rester et il aligne les sections indispensables. Les obus écrasent si vite cette ligne fragile de couverture, que l'officier prévoit l'échec de son initiative : l'ennemi le bousculant pour atteindre le régiment disloqué. Malgré son angoisse, il distingue fort bien les mouvements de son soldat d'ordonnance qui s'ingénie à le couvrir de son corps. Décidé à se faire tuer sur place, il veut du moins sauver cet homme dévoué et pour trouver un prétexte il rédige, à la hâte, au crayon, un rapport pour le colonel ; le soldat refuse de s'éloigner et un farouche débat s'engage sous les balles entre l'officier qui voulait sauver son soldat et celui-ci qui voulait mourir pour son supérieur. Il fallut bien cependant que le soldat cédât. Le lieutenant, la conscience plus tranquille, s'employa à sa tâche d'autant plus désespérément que les Russes contre-attaquaient ; il se battit de son mieux, jusqu'à ce qu'une balle lui brisât l'épaule et qu'une autre lui traversât la poitrine.

Quand il revint de son évanouissement, il était couché sur un brancard de fortune que portaient des soldats blessés, tandis que d'autres blessés se serraient, tout en marchant, afin de préserver leur chef de la mitraille.

Au loin, le commandant du régiment observait avec sa jumelle les braves qui se sacrifiaient pour sauvegarder son renom. Quand le lieutenant qui avait voulu le tuer fut transféré à l'arrière, il le combla de soins et ne voulut le quitter qu'au moment où on le mena à l'hôpital.

La cordialité entre officiers et soldats, liant la force morale à la force physique, est donc essentielle à la vigueur d'une troupe ; elle est un puissant facteur de la supériorité qui s'affirme chaque jour dans l'Armée française.

LA VOLONTÉ DE VAINCRE

Par modestie pour son pays ou simplement par snobisme, un ami français, peut-être un peu subtil, prétendait me persuader, avec des arguments qui me semblèrent assez spécieux, que la résistance, même la vaillance de l'individu pouvait être aidée et augmentée par des mots dont certains jouissent en eux-mêmes d'une force particulière.

« Oui, m'affirmait-il, des mots possèdent un don magnétique ; ainsi chez nous, dans une dispute de rue, mettant aux prises deux adversaires, il arrive souvent à la foule narquoise de stimuler les antagonistes par des excitations verbales : « Marchera !.. marchera pas !... l'aura !... l'aura pas !... » eh bien ! l'un des combattants puise un encouragement dans cette clameur, tandis que l'autre s'en effare. De même, concluait-il, notre « Nous vaincrons ! nous les aurons ! » répété à satiété nous convainc de la certitude que nous dominerons l'Allemand... »

Ce raisonnement avait, à mon sens, plus de justesse que ne le croyait mon ami. Le mot peut avoir son influence, mais il importe surtout qu'on le répète avec insistance. Toutefois, vouloir lui prêter une faculté créatrice d'efforts aussi importante que celle du souffle de l'âme serait paradoxal.

Il faut que le « nous vaincrons ! » français persévère ; la ténacité est tellement efficace pour le
succès ! Il ne faut jamais laisser fléchir sa conviction, si peu que ce soit.

Souvent, des amis, des connaissances me posent
cette question : « Croyez-vous que nous· serons
finalement vainqueurs? » Et je réplique : « C'est
vous qui êtes en guerre, quelle est votre impression ? » A quoi on me répond généralement :
« ·Oui, je crois que nous serons vainqueurs. »
Alors je renchéris : « Certainement vous vaincrez,
si telle est bien votre pensée, mais il faut que vous
vous la répétiez constamment à vous-même cette
assurance de triompher ».

Quand on entreprend avec confiance une affaire,
quelle qu'elle soit, le succès s'ensuit souvent ; par
contre, si l'on commence en hésitant et en se disant : « Je ne sais si je réussirai », il est presque
certain que le résultat sera mauvais. Avec un
objectif précis, on arrive vite et sans fatigue, tandis que, si l'on chemine sans repère, la route semble
longue et fastidieuse.

Au début de notre guerre avec les Russes, alors
que l'on manquait de nouvelles (de février à mai,
on n'eut pas de communiqué sur les opérations de
l'armée), les Japonais s'inquiétaient souvent, mais
jamais ils ne songeaient à former leur conviction
d'après les convictions d'un autre. Si un étranger
les questionnait, leur opinion ne laissait pas percer
de doute.

Au moment des plus grands périls et des luttes
les plus acharnées, comme, plus tard, pendant la

retraite de l'ennemi nos soldats ne cessaient de répéter : « Ils reculeront bientôt et nous avancerons ». Quelle que fût la résistance des Russes ils pensaient : « Ils s'en iront » et cette assurance les aidaient à supporter les mauvais jours.

Au fort d'une bataille, celui des adversaires qui, le premier, songe au terrain précédemment franchi est perdu. Se figurer qu'il est possible d'aller en arrière, c'est déjà reculer. Celui qui affirme qu'il sera vainqueur a un grand élément de succès en sa possession et celui qui répète : « Nous perdrons », perdra presque certainement. Il faut, néanmoins, se garder d'exagérer et ne pas crier victoire avant l'achèvement de l'ennemi. Ce fut l'heureuse erreur des Allemands en septembre 1914, ils se crurent arrivés et trébuchèrent sur la Marne.

Avec la foi inébranlable, le meilleur facteur de succès est l'esprit de sacrifice qui n'est d'ailleurs que son complément. Si la conviction de vaincre est impuissante à procurer le résultat cherché, il faut prendre la résolution de mourir pour le même but.

Durant je ne sais quelle bataille mandchoue, l'un de nos régiments s'était épuisé à vouloir enlever une position par trop formidable ; son effectif se trouvait en peu de temps diminué des deux tiers. Le colonel déclarait que l'on ne pouvait faire humainement davantage, et cependant le Grand Quartier ordonnait un suprême assaut. Il était évident que le régiment n'avait plus qu'à se faire anéantir, et c'est ainsi que tous le comprirent, depuis le simple soldat jusqu'au colonel. Tandis que l'on faisait les derniers préparatifs, que l'on adressait un dernier adieu aux familles et que l'on jetait aux hommes un complément d'équipement, chacun assurait en mains son arme préférée avec cette unique pensée qui dominait la troupe : « L'assurance de vaincre ne nous importe plus parce que notre affaire c'est mourir. Nous ne savons pas si nous vaincrons, mais nous savons que nous sacrifions notre vie. « Néanmoins la position fût emportée et tous ne périrent point. C'est ainsi que la décision de se sacrifier en vue d'un résultat *post mortem* peut désarmer l'impossible.

Et voici un autre exemple de plus large envergure. En Mandchourie, la deuxième armée Japonaise comprenant les cinquième, huitième et neuvième divisions, ayant pour chef le général Oku, se portaient à l'attaque de Moukden, à gauche, tandis que la troisième armée avait pour objet l'enveloppement de l'ennemi par l'extrême gauche. Ce dernier mouvement, peut-être dessiné avec trop d'ampleur, laissa tout à coup un vide dangereux entre les deux armées. Il importait de combler ce vide immédiatement, mais on manquait de tous renforts pour cela. Alors, du Grand Quartier Général le général Kodama, chef d'Etat-Major, téléphonait au commandant de la deuxième armée de transférer immédiatement la huitième division du centre — qu'elle occupait et où elle suffisait à peine à contenir un très gros effort de l'adversaire — sur la droite de la troisième armée dont elle protégerait et prolongerait le flanc.

L'intervalle, ordonnait-il, ne pouvait être com-

blé que de cette façon. L'Etat-Major de la deuxième
armée prenait mal son parti d'une décision aussi
grave. Le centre, privé de sa division de renforcement, pouvait céder, d'autant plus que, sous le
feu violent des Russes, les compagnies fondaient
à vue d'œil. Les officiers, groupés autour du général Oku, protestaient donc violemment contre
l'injonction du Grand-Quartier qu'ils jugeaient in-
considérée..... Le Général, les yeux fermés, écou-
tait tout en réfléchissant ; au bout de quelques
instants, il coupait court aux critiques par cette
déclaration :

« Nous ne devons pas voir que nous ; notre armée n'est point toute l'armée. Puisque le transfert
de la huitième division, telle qu'on nous le demande, doit aider à la victoire, nous ne devons pas
hésiter ; nous devons, avec ce qui nous reste de
forces, nous dévouer pour le salut commun. Pour
moi, j'accueille avec reconnaissance cette mission
à laquelle je donne ma vie. »

Il n'y avait pas là déclaration grandiloquente
faite pour enthousiasmer le soldat, le général entendait *effectivement* se *faire massacrer, lui, le dernier*, pour l'accomplissement de la tâche qui lui
était demandée.

Ce noble enseignement fut compris. Les jeunes
officiers retournèrent à leur tâche sans plus rien
objecter. La huitième division alla où on lui avait
ordonné de se porter. Les troupes de la seconde
armée qui, auparavant, étaient déjà inférieures en
nombre et auxquelles on venait d'enlever un tiers
de leur effectif, se mirent à se battre comme si

elles venaient de recevoir du renfort ; chacun avait l'unique désir de supprimer le plus d'adversaires possible et ne marchandait pas son existence. De ce fait, l'énergie et la puissance de la lutte devenaient prodigieuses. La deuxième armée, sans que le soldat s'en doutât, gagna du terrain, prit l'avantage, et ce fut surtout grâce à elle que la bataille de Moukden devint une victoire.

* *

Dès la déclaration de guerre, la France fut, certes, enthousiaste et affirma sa confiance en son destin ; mais sa foi, sa conviction, ensanglantées depuis par de terribles afflictions, sont devenues encore plus dignes d'estime.

Il y eut peut-être dans le patriotisme du début certains accents faux ou parfois criards : c'était la griserie compréhensible du Latin appelé au combat. Les promesses de « se rencontrer sous les Tilleuls », qu'on échangeaient à tout instant dans la rue et au bord des trains n'étaient pas moins vaines que les inutiles démonstrations de 1870.

Beaucoup redoutaient que cette faconde dissipée au souffle mortel de l'épreuve laissât la France sans âme. Il n'en fut rien.

Le malheur eut l'effet salutaire de certaines maladies qui rendent plus sain et plus pur le corps qu'elles ont attaqué. La France a retrouvé son cœur d'autrefois, son cœur qui l'a refaite guerrière. Elle a même gagné des qualités opposées à sa tradition et à son caractère : le calme, la constance et la persévérance. Elle qui souvent désespérait de tout au moindre échec, ne fut pas abattue par un envahissement qui jamais, dans son histoire, n'avait été aussi brutal et aussi rapide. Elle, qui acquérait le succès de haute lutte dans les batailles à grands gestes, s'est astreinte à faire sentinelle dans la boue et dans la pourriture déprimante des tranchées.

Et le peuple de ce pays, que l'on supposait déchu, que l'on jugeait immoral et corrompu, non seulement a montré de l'audace dans les combats, du dévouement, de l'abnégation et du renoncement, mais encore il a donné au monde les exemples d'un héroïsme sans pareil, qui parfois — surtout chez les moribonds — se nuança d'un mysticisme ajoutant à son incomprable qualité.

L'héroïsme dans les combats est admirable, surtout quand il se manifeste avec simplicité. Quoi de plus beau que l'attitude de ce guetteur d'avant-poste qu'un officier, venu en rampant, trouva en train de se panser, sans avoir lâché son fusil, avec des loques de hasard.

« Tu vas aller à l'arrière tout de suite, ordonna le chef.

— Moi, fait le soldat étonné, et désignant la tranchée peu garnie de veilleurs, car beaucoup sont morts ; *et qui gardera mon créneau ?* Et ce zouave d'Ypres, aux mains des Allemands, commandant le feu qu'il savait devoir le tuer ! Ce serait une tâche vaine de vouloir citer ici tant d'exemples désormais fameux, dont le monde reste émerveillé.

Ce que l'on connaît moins et ce qu'il faut que l'on sache c'est l'héroïsme des Français dans la mort, sans le décor du combat et sans sa griserie, dans la mort toute simple de l'hôpital lugubre. Certains échappent à la vie en continuant la bataille, en clamant des ordres, en entonnant des chants militaires ou en injuriant l'ennemi. D'autres, plus lucides, murmurent jusqu'à la fin, des formules d'entêtement ; « Nous vaincrons, nous les aurons... Il faut aller chez eux. » Une garde-malade m'a conté une agonie où se mêle l'héroïsme et le néo-mysticisme, tout à fait particulier, des Français de cette guerre et auquel j'ai déjà fait allusion. C'était dans une infirmerie banale où rien ne pouvait provoquer le rêve. Un colonial mourait ; sa voix pâteuse ânonnait : « Je crève, mais cela ne fait rien : on les accrochera, je vous dis... » La parole s'enflait un peu pour exiger : « Tout de même quand on en prendra un morceau il faudra penser à moi !... Cela me fera plaisir..... de... l'autre côté..... » La voix était devenue douce et claire et le visage, poissé de sang et de poussière, s'était illuminé ; il s'éteignit en souriant au plaisir qu'il aurait dans l'au-delà.

Je ne connaissais point les larmes et cependant en écoutant cette histoire j'ai pleuré.

Qui est ce soldat ? On ne le saura jamais.

La France, tel un prodigue, qui ne se soucie pas de la valeur des pièces qu'il jette, ne prend pas soin des gloires dont elle est trop riche.

L'INTERVENTION JAPONAISE

Dès la seconde phase de la guerre en France, quand, après la bataille de la Marne, il devint évident que les Allemands se tapiraient en territoire conquis, pour y entretenir une lutte de sape et de tranchée difficile et lente, plusieurs hommes politiques français ainsi que de nombreux publicistes calculèrent l'avantage — donc la nécessité, à leurs yeux — d'une intervention du Japon allié dans la bataille générale contre l'ennemi commun. Ils calculèrent la valeur et la puissance de l'armée japonaise et ils désirèrent et exigèrent presque qu'elle vint participer aux opérations occidentales. La presse et l'opinion envisagèrent avec empressement, mais sans réflexion ni prudence, la réalisation de cette intervention et des polémiques se multiplièrent à ce sujet pendant un certain temps.

*
* *

La question étaient extrêmement complexe. On eut le tort de ne pas l'examiner d'assez près et de décider sa solution sans argument acceptable pour le principal intéressé, c'est-à-dire le Japon.

La campagne en faveur de l'intervention fut aussi mal engagée que mal soutenue par trop de gens peu documentés ; ils la développèrent égoïstement sans même se soucier de l'opinion — à défaut de l'intérêt — du peuple qui devait assurer l'expédition. Et cependant, à celui-ci on ne demandait rien moins qu'une bonne part de sa vie : on fixait froidement sa contribution à 400 ou 800.000 hommes ; encore oubliait-on d'envisager que le transport d'une pareille armée nécessiterait l'emploi de toute sa flotte commerciale, qui pendant longtemps l'aurait privé de négoce et se serait fatiguée comme se serait usée à la mer la marine militaire obligée d'assurer sa protection ; c'était une sorte d'épuisante transfusion du sang qu'on réclamait, presque sans politesse, de son dévouement. On ne semblait pas se douter de l'importance de l'opération pour le Japon, aussi disposait-on de lui avec une incroyable légèreté.

Il semble tout à fait étonnant qu'il n'y ait autant dire personne en France pour connaître *vraiment* le Japon.

La question, je le répète, fut vraiment trop traitée à l'exclusion du point de vue japonais, qu'on ne s'avisa guère d'évoquer dans le débat — et pour cause : on l'ignorait. Grâce à cette négligence capitale, peut-être estimera-t-on qu'il soit juste d'examiner ici les raisons qu'avait le Japon pour venir ou ne pas venir en Europe. Ces raisons tenaient, à la fois, à sa tradition, à sa sauvegarde, à son intérêt particulier, comme aux circonstances de l'actualité et aux probabilités de l'ave-

nir, sans compter d'appréciables difficultés d'ordre
matériel, mal analysées — quand elles le furent
— et à des impossibilités d'ordre international
qu'on connaîtra plus tard.

Il faut avant tout mettre les choses au point et
détailler les motifs, effleurés d'autre part, de
l'attitude d'avant-guerre du Japon vis-à-vis de
l'Allemagne.

Au point de vue sentiment, le Japon ne pouvait
que détester dans l'Allemand un ennemi politique,
un adversaire systématique, créateur de la bouf-
fonne, mais désobligeante chimère du péril jaune,
et qui lui suscita de nombreuses difficultés en Chine
et aux Etats-Unis. Depuis l'instauration en Chine
d'une République de gens à appétits, l'Allemagne
n'a cessé de gêner les Japonais installés dans ce
pays et, de s'opposer haineusement à l'accroissement de leur fortune. Aux Etats-Unis, elle a été
plus loin : elle a toujours fait l'impossible pour
jeter ce pays contre le Japon et réciproquement.
Le fond de sa politique fut de provoquer la ruine
de toute puissance militaire, voisine ou lointaine,
capable de combattre son hégémonie le jour où
elle voudrait s'imposer. Les Allemands, si puissants en Amérique, ont cherché à envenimer la
délicate question de l'émigration jaune, concur-
rente si redouté de la leur.

Un Japonais, résidant à San-Francisco, révélait
en novembre 1914 de bien curieux aperçus sur
les desseins et l'organisation des Allemands aux
Etats-Unis en vue d'y développer méthodiquement

non pas une influence seulement, mais une force matérielle et organisée, c'est-à-dire presque une Allemagne d'outre-Océan. Les violences rageuses, de 1915 et 1916, des pro-Germains contre les Américains et des personnalités notoires, enfin éclairés, n'indiquaient-elles point le dépit provoqué par l'échec d'un immense projet ?

L'Amérique sans qu'elle parut s'en douter se germanisait de plus en plus commercialement et politiquement. Les émigrés allemands, solidement et militairement groupés, la dirigeaient du mieux qu'ils pouvaient selon les ordres de Berlin. Et Berlin ne négligeait et n'épargnait rien pour soutenir ces soldats transatlantiques. Son œuvre se précisa surtout à partir de 1902. Au printemps de cette année, l'Empereur Guillaume délégua son frère, le prince Henri, aux Allemands de New-York, pour les munir d'une règle de conduite résumée dans cet encouragement : « Légalement, vous êtes devenus Américains, mais vous ne devez pas oublier votre Patrie. »

Cet enseignement ne fut pas perdu ; dans la suite, 13 millions d'Allemands, plus ou moins maquillés, parvinrent à constituer un bloc électeur extrêmement important, non-seulement par son vote massif sur une chose ou sur un fait, mais par l'appoint qu'il pouvait apporter aux partis politiques désireux de l'employer. Le Kaiser disposa bientôt d'un contingent formidable qu'il mania parfois trop audacieusement. Lorsqu'il décida que l'avenir de l'Allemagne était sur l'eau et qu'il voulut créer une marine sans rivale, Guillaume II osa demander leur souscription aux Allemands naturalisés. Cette impudence provoqua un scandale ; le « New-York Times » fixa durement leur devoir à ceux que l'on sollicitait : « Vous êtes devenus citoyens Américains, leur disait-il, donc il vous est défendu de favoriser toute initiative capable d'amoindrir la destinée du pays qui vous a adoptés. Favoriser de votre argent la création d'une marine plus forte que celle des Etats serait une traîtrise. « Le Kaiser sentit sa faute ; pour la racheter il sacrifia délibérément quelques comparses et les Yankees rassurés retournèrent à leur quiétude.

La campagne impérialiste n'en continua pas moins, alimentée par toutes sortes de moyens, entre autres celui d'envois réguliers de Bibles, contenant, à côté de la parole de Dieu, les volontés nettement exprimées du Kaiser à propos de l'Amérique. Des associations allemandes atteignirent à une puissance extraordinaire : La *German American National Band* ne groupait pas moins de 4.000.000 d'adhérents ; son président fut anobli par Guillaume II ; chaque fois que ce personnage allait à Berlin, il était reçu intimement par le Kaiser dont il recevait directement les instructions. La *German American Veteran Union* fut aussi redoutable ; elle devait embrigader les Allemands ayant servi en Allemagne et les Américains d'origine allemande ayant fait leur instruction militaire dans les régiments de l'Union. Le président de ce groupement faisait presque figure de commandant en chef ; il administrait et ordonnait militairement, en même temps que son influence imposait à ses troupes le vote désiré par Berlin dans les grandes circonstances. La *Deutsche Zeitung* exalta l'excellence de cette institution enfoncée en pleine chair d'Amérique et particulièrement propre à combattre les tendances à l'anglophilie et à l'anti-germanisme. Au mois d'octobre 1913, la sixième assemblée générale de la *German American National Band*, tenue sous la présidence du délégué de Philadelphie, assisté de huit Vice-Présidents pour les Etats d'Indiana, Maryland, New-Jersey, Ohio, Visconsin et Californie — ce qui démontre l'extension de la Band — émettait, dans ses décisions, une suite de mises en demeure qui, pour ne concerner que des détails de sous-administration, n'en était pas moins révélatrice de l'arrogance brutale des Allemands s'appuyant sur le nombre.

Voici ces décisions :

« Nous demandons énergiquement au Président de la République si M. Williams, fonctionnaire de l'Etat de New-York, délégué à l'examen de l'affaire des émigrants, ne serait pas systématiquement opposé aux intérêts allemands.

« Nous nous engageons à mener une campagne énergique en vue de la suppression de la loi hebdomadaire.

« Nous nous opposerons, non moins énergiquement, à l'application de la loi contrariant la vente de la bière, qui est très défavorable à notre pays.

« Nous ferons également toute l'opposition nécessaire à l'adoption de traités d'arbitrage avec l'Angleterre. »

Ne sont-ce pas là les caractéristiques de l'Etat dans l'Etat? Les Allemands, américanisés pour la forme, n'indiquaient-ils pas ainsi leur volonté de mener, selon l'intérêt de leur patrie d'origine, les destinées de leur pays d'adoption? Déjà le 1er décembre 1911, dans une réunion du « Carnegie Hall » un avocat émigré allemand avait osé parler, avec la plus grossière violence, de la nécessité d'empêcher les traités d'arbitrage avec l'Angleterre et la France. « Ces traités, clama-t-il, prendraient le caractère d'une offense à l'Allemagne et leur adoption serait criminelle ! »

Les émigrés et les naturalisés d'Amérique étaient l'une des plus importantes troupes de l'armée occulte que l'Allemagne entretenait sur chaque point du monde et qui devait servir de base à la colossale hégémonie qu'elle rêvait : armée dangereuse, convaincue de l'importance de sa mission et prête à n'importe quels sacrifices pour l'accomplir.

Un article du *New-York Hérald*, du début de juillet 1915 — moment où Holt essayait d'assassiner M.-J. Pierpont Morgan — définissait ainsi cette force secrète allemande : « Une armée invisible existe, qui est en relations avec le Gouvernement allemand et qui comprend des individus comme Holt. C'est cette armée qui suscita dans le Royaume-Uni des dissentiments sur la question irlandaise avant le début de la guerre ; elle fomenta la révolution en Russie, elle fit une campagne ouverte dans toutes les villes de l'Angleterre, à la

veille des combats, pour s'opposer à l'entrée de la
Grande-Bretagne dans le conflit entre la France et
l'Allemagne; elle provoqua, à la fin de juillet, dans
les rues de Paris des manifestations contre la participation à une lutte entre la Russie et l'Allemagne; et ce fut elle encore qui établit, en temps
de paix sur les frontières de la France et de la Belgique, des plates-formes pour canons sous le prétexte d'installer des fondations d'usines ». On
pourrait ajouter que c'est elle qui tente maintenant, partout où elle le peut, des manœuvres pour
amener la paix nécessaire aux empires centraux,
allume l'incendie, use d'explosifs et assassine
quiconque gêne le plan allemand.

*
* *

L'Allemagne fut pour le Japon un adversaire
non moins acharné dans le domaine économique,
prompte à se saisir des débouchés, habile à introduire ses produits à l'exclusion de tous autres et
capable, pour servir son empereur et son commerce, d'essayer, ainsi que le fit Krupp, de cor-
rompre des fonctionnaires. Donc, l'Allemand était
pour le Japonais un compétiteur désagréable et
nuisible. Ceci affirmé, examinons les raisons qui
rendaient difficile — je ne dis pas impossible —
l'intervention japonaise.

D'abord, à un point de vue strictement humain,
pourquoi le Japon, à frais énormes, aurait-il
transporté 400.000 de ses soldats en Europe, sachant bien que la moitié d'entre eux, au moins, se-

rait sacrifiée ? Pourquoi, accessoirement, aurait-il mis au jeu ses marines marchande et militaire ? *S'il était arrivé au Japon d'être attaqué chez lui, quel pays d'Europe eut envoyé à son secours la moitié de son armée et toute sa flotte ?*

Eu égard à sa tradition, il était impossible — en principe — que le Japon se déplaçât. C'est un usage national, s'imposant depuis toujours, que le rôle de l'armée est strictement défensif. Qu'on n'objecte pas l'offensive du Japon avec la Russie.

Quand le canon éclata soudain, les 8 et 9 février 1904 à Tchemulpo et à Port-Arthur, on cria à l'agression des Nippons. En réalité, il ne s'agissait que d'un prolongement de la guerre sino-japonaise, d'une reprise du Japon sur ce qu'on lui avait injustement arraché à la fin de cette guerre. Ayant vaincu la Chine, le Japon demandait dans son traité avec l'adversaire de légitimes avantages ; il fut brusquement arrêté par l'opposition alarmée, mais à coup sûr partiale dans la production de ses motifs et brutale dans sa forme, de trois grandes puissances d'Europe : Russie, Allemagne et France qui s'opposaient à tout dédommagement territorial. La mise en demeure rédigée par l'Allemagne affectait une insolence que le Japon ne devait jamais oublier, surtout venant d'un empire, qui n'avait peut-être inventé le Péril Jaune que pour détourner l'attention universelle du péril allemand, alors en formation.

« Votre Pays, signifiait l'Allemagne, est actuellement faible ; vous savez quelle est notre force ; ¡l s'agit donc de restituer, sans délai, le Sud

Mandchourien à la Chine, faute de quoi vous sentirez le poids de mes armes. »

Le Japon stupéfait, mais incapable de résister — du moins ses diplomates le crurent — s'exécuta. Ce fut dans le pays un deuil, une humiliation, une indignation que l'on ressentit jusque dans le moindre village et qui désolèrent jusqu'au cœur candide des enfants. Malheureusement pour elle, ce fut la Russie, mandataire de la volonté de l'Europe, qui s'installa dans cette Mandchourie ravie au Japon. De plus, la politique envahissante et menaçante d'un vice-roi ambitieux ne pouvait qu'exciter davantage le ressentiment des Nippons. Dans l'entourage d'Alexeïef, comme dans celui du Ministre des Affaires Etrangères en Russie, s'exerçait, à cette époque, la constante préoccupation allemande de dériver les forces Russes vers l'Extrême-Orient où, si elles ne se brisaient pas, elles se désintéresseraient tout au moins des problèmes d'Occident.

Au point de vue de son propre intérêt, comme à celui de l'intérêt du monde civilisé, le Japon, entré dans l'Alliance en vertu de ses accords avec l'Angleterre, devait particulièrement se préoccuper de détruire les forces allemandes de son secteur : c'est-à-dire Tsin-Tao, les Marschall, dont le poste de T. S. F., et le dépôt de charbon, constituaient une base navale dans le Pacifique à l'escadre allemande d'Extrême-Orient, plus ou moins susceptible d'entraver les communications anglaises et japonaises avec l'Australie et l'Amérique. Le Japon maîtrisa rapidement les Allemands

dans le Pacifique et à Kia-Tchéou ; il contribua, en grande partie, à la défaite de la flotte allemande, mais il ne pouvait que se réserver et demander à réfléchir quand, peu adroitement et sans égards, on lui demanda de participer à la guerre en Europe.

L'intérêt général du Japon dans la question étant dégagé, étudions les causes accessoires qui devaient, à de nombreux points de vue, inciter le Gouvernement de Tokio à réserver son initiative.

Au moment où, dans les journaux de Paris, la campagne pour l'intervention atteignait à son maximum d'acuité, la situation politique intérieure n'était rien moins que propice à un rôle extérieur du Japon : le comte Okuma, chef du Cabinet, avait à soutenir de très violents assauts de l'opposition et il lui aurait été impossible de porter devant le Parlement le problème de l'intervention ; en plus, nous conservions la tâche toujours importante de garder contre tout danger allemand direct ou indirect les colonies anglaises et françaises.

En outre, des considérations de politique extérieure empêchèrent le Japon de risquer son armée et sa flotte dans une aventure européenne. D'une part, la Chine — travaillée plus qu'on ne le supposait par la révolution, par l'anarchie et surtout par les Allemands furieux de la perte de Tsing-Tao — donnait beaucoup d'inquiétudes ; d'autre part, treize millions d'Allemands, unis dans une même haine, menaient une formidable campagne aux Etats-Unis et soulevaient à tout instant des incidents, des querelles et des prétextes à conflit.

A part l'opinion du Parlement et des milieux officiels, sur le fond même de l'intervention, quels étaient les sentiments du monde militaire, de la presse et du public ?

Les militaires, très disciplinés, ne donnaient guère d'appréciation ; on supposait assez généralement que les maréchaux et les généraux d'ancienne manière, bien que favorables — à cause de leur éducation d'origine française — au projet de soutenir les Alliés, ne pouvaient qu'encourager l'abstention, étant donné le rôle sédentaire que la tradition fixait à l'armée.

Pour la presse, son indignation fut générale contre les Allemands violateurs et massacreurs de la Belgique. Quand, plus tard, se posa la question de l'intervention, tout d'abord les journaux se prononcèrent contre cette éventualité ; puis il y eut un revirement : la question, mieux envisagée, rallia des partisans, mais on ne peut dire qu'elle suscita beaucoup d'intérêt. Un professeur de droit, très connu, déclara l'Allemagne ennemie du genre humain et pria le Gouvernement de contribuer à son châtiment. Le « Yorodzu », de Tokio, réclama la destruction de l'impérialisme et du militarisme prussiens ; il voulait que l'on allât jusqu'à la suppression du Kaiser et à l'assujettissement d'une Allemagne, extrêmement diminuée et constamment surveillée par les grandes puissances ; selon lui, le Japon ne devait pas rester en dehors de cette initiative nécessaire et 200.000 de ses soldats devaient contribuer à ce résultat indispensable pour la paix universelle.

Quelques journaux étrangers, à tendance germanophile, soutenus au Japon, comme ailleurs, par des subsides allemands, prêchèrent la légitimité du cas allemand et son triomphe certain, mais ils ne gagnèrent pas une personne de plus à leur cause.

L'opinion publique n'eut point à se passionner pour une thèse qu'elle connut généralement assez mal. Dans la classe moyenne on était convaincu de la victoire des Alliés ; aussi ne sentait-on guère la nécessité d'aller les soutenir. Le peuple, lui, fut à peine au courant d'une question qui n'importait en rien à l'intérêt national ; quant au campagnard, qui ne s'inquiète que des choses de sa province, ces événements très lointains lui furent indifférents.

* *

Le projet de l'intervention fut exposé et soutenu, en France, d'après une documentation souvent erronée, sans presque jamais fournir de raisons susceptibles de plaire au Japon et de le gagner.

Un journal bien connu et très répandu établit et développa un plan d'intervention si vaste, si exagérée et invraisemblable, qu'il fit sourire et hausser les épaules, en France même. Il ne prévoyait rien moins qu'un apport de 800.000 soldats japonais, sans savoir que ce chiffre était celui de la totalité des forces (active et réserve) du Japon.

Les adversaires du projet d'intervention firent, de leur côté, des critiques également mal fondées et y ajoutèrent, malheureusement un dédain assez pénible ; beaucoup virent à l'immixtion active du Japon dans le conflit un danger pour plus tard : le premier pas, en Occident, du Péril Jaune, terreur de quelques cervelles inquiètes ou fragiles. Si les journaux parisiens n'avaient pas été désorganisés par les conséquences premières de la guerre, il faudrait leur reprocher d'avoir trop candidement accueilli un ridicule exposé des conditions que le Japon aurait mis à son concours : cession de l'Indo-Chine (et il ne s'est trouvé personne pour faire remarquer, en dehors de toutes considérations de loyauté, d'honnêteté et de saine raison, que l'Indo-Chine, à cause de son climat à température élevée ne pouvait séduire le Japon !) ; cession de Hambourg et d'autres ports baltiques, ainsi que la collecte des indemnités de guerre imposées à l'Allemagne !... Comment ces énormités purent-elles être acceptées sans faire penser qu'elles émanaient d'une inspiration allemande ? Les Japonais ne se trompèrent pas sur leur source ; les francophiles eurent beaucoup de regret, d'amertume et, il faut l'avouer, d'ironie, en les voyant prendre au sérieux. Comment, en un temps où l'opinion française se montrait si désireuse d'une collaboration militaire du Japon, les censures laissèrent-elles passer et imprimer ces insinuations on ne peut plus offensantes pour un allié que l'on voulait s'attacher davantage ?

*
* *

Un des motifs qui fit se réserver le Japon, fut la modicité de ses ressources financières dispo-

nibles pour couvrir les frais d'une opération oné-
reuse. Il eut répugné à ce pays, immuablement
inspiré d'orgueil militaire et de désintéressement
farouche, vertus de son passé, de faire payer par
l'étranger le concours de ses soldats.

Les difficultés matérielles, les difficultés d'ordre
technique afférentes au transport d'une grosse armée japonaise en Europe — mettons, pour être raisonnables, 400.000 hommes, c'est-à-dire l'effectif de
10 corps d'armée européens — ne furent pas plus
heureusement examinés ; il y eut des erreurs considérables dans le calcul des éléments et des
moyens d'exécution à employer. Ainsi, par exemple,
dans l'hypothèse de l'acheminement des Japonais
par voie de terre, on estimait le Transsibérien utilisable à raison de 10.000 hommes par jour, et,
par ailleurs, on jugeait la flotte japonaise suffi-
sante pour amener en Europe 6 à 800.000 hommes
dans un délai de trois mois. Or le Transsibérien,
servait presque uniquement à assurer le ravitaillement et le munitionnement de l'armée russe ;
comment, dans ces conditions, lui imposer la formidable surcharge de 10 corps d'armée avec leurs
bagages, leur matériel et leur artillerie? En supposant que sa double voie fût partout employable,
il aurait fallu 100 trains pour le transport d'un effectif de 40.000 hommes. Le mieux que l'on eût pu
faire, c'eût été d'expédier 25 trains en 24 heures.
Quatre jours auraient donc été indispensables
pour amener à pied d'œuvre les divisions japonaises équivalentes à un corps d'armée, soit pour
dix corps d'armée, 40 jours, sans tenir compte du

voyage entre les ports d'embarquements du Japon et Vladivostock ou Daï Ren. Voilà pour les
hommes. Mais un temps au moins égal (en admet-
tant qu'un même nombre de trains eut été disponible) aurait été nécessaire pour les bagages et le
matériel : au total, près de trois mois pour mettre
au point l'entreprise. Encore dans ces estimations
envisage-t-on l'utilisation exclusive du rail transsibérien, nuit et jour, pour les Japonais — chose
presque impossible, puisque la Russie doit prendre
à Vladivostock, tête de ligne, un appoint considérable du ravitaillement de ses troupes. Faire une
part à cette nécessité, c'est-à-dire laisser au trafic
russe la moitié de la journée pour ses transports,
c'était réduire de moitié la capacité du débit de
l'armée japonaise : d'où délai de six mois pour le
voyage par terre, non sans avoir grandement gêné
l'approvisionnement de la Russie. Et puis l'exploitation du Transsibérien aurait-elle eu assez de
wagons pour permettre l'envoi, dans une même
direction, de 25 trains par jour ?

La résolution de ce problème n'était donc pas
très commode. Le transport par mer eut été encore
plus difficile.

Pour un voyage aussi important que celui du
Japon en Europe, en France par exemple, on
avait évalué un impédimentum nécessaire de
300.000 tonnes par corps d'armée. Cette estimation
était fondée sur l'expérience : pendant la guerre
de Mandchourie le transport des troupes s'était
effectué à raison de 200.000 tonnes par équivalent
de corps d'armée. Ce faible tonnage avait même

surpris les techniciens ; il était peut-être suffisant
pour une traversée de deux jours à peine, permettant une certaine compression des passagers, mais
pour le déplacement du Japon en France, comportant un trajet minimum de 40 jours et la traversée de l'Océan Indien et de la mer Rouge, il ne
pouvait être question d'envisager un tonnage aussi
réduit. D'un trop étroit entassement des soldats,
des chevaux, de l'artillerie, des munitions, des
voitures et des bagages il serait résulté de terribles
pertes. Trois cent milles tonnes par corps d'armée
étaient donc bien nécessaires, soit, pour 10 corps
d'armée 3.000.000 de tonnes, à épuiser par des bateaux d'au moins 5.000 tonnes : la traversée des
Océans réclamant ce jaugeage minimum. De
quelles ressources en bateaux disposaient l'Angleterre et la France — transporteurs prévus — à la
veille de la guerre ?

BATEAUX DE PLUS DE 10.000 TONNES :

Anglais 106 faisant. . . 1.757.080 tonnes
Français 11 » . . . 150 038 »

BATEAUX DE PLUS DE 5.000 TONNES :

Anglais 714 » . . . 4 644.643 tonnes
Français 99 » . . . 607.444 »

Les navires anglais et français utilisables pour
l'opération faisaient donc, au total, un peu plus de
7.000.000 de tonnes. Il faut admettre que de cet
ensemble les intéressés ne pouvaient affecter au
transport japonais qu'un tiers à peine — les deux

autres tiers se trouvant retenus par des nécessités
de fait : transformation en croiseurs auxiliaires
des unités les meilleures et les plus rapides, emploi du restant pour le ravitaillement et le commerce. Le tiers disponible fournissait un peu plus
de 2.300.000 tonnes ; il fallait donc pourvoir à l'embarquement de près de 1.000.000 de tonnes de plus.
Le Japon, toutes ressources additionnées, aurait
pu offrir, d'après des statistiques de fin 1913 :

BATEAUX DE PLUS DE :

10.000 tonnes   4, soit :   50.731 tonnes.
 5.000 53   53,   340.630   »
               119,

BATEAUX DE PLUS DE :

3.000 tonnes 119, soit : 443.706 tonnes.
              295 unités 835.067 tonnes.

Pratiquement, les trois pays n'auraient certainement pas pu disposer de 1.000.000 de tonnes, au
lieu de 3.000.000 indispensables. Question de temps
maintenant. Il aurait fallu un long délai pour la
réunion au Japon des bateaux nécessaires. L'embarquement eut demandé un mois (encore ne doit-
on envisager que l'embarquement partiel) ; les
navires ne pouvant emmener qu'une fraction de
l'armée et de son matériel, un second et un troisième voyage eussent été indispensables : d'où
trois allers et retours, soit avec les imprévus normaux d'aménagement et de débarquement : 270
jours, neuf mois, selon l'estimation la plus favo-

rable, en bannissant toute éventualité d'accident et de retard.

Autre chose : la navigation de cent à deux cents navires de transport n'est pas une aventure aisée. Je me souviens que, durant les voyages au front des correspondants de guerre des pays alliés, il arrivait le plus souvent que notre caravane s'essaimait : une crevaison de pneu, une panne de moteur, une bougie détériorée, nécessitaient de-ci delà un arrêt, de sorte que nous n'arrivions jamais ensemble. A plus forte raison, toute régularité de marche eut été impossible pour deux cents navires sur un parcours aussi long que celui du Japon en Europe. Il aurait fallu disjoindre le bloc transporteur, grouper les unités en divisions, escadres, escadrilles, sections — suivant leur tonnage et surtout suivant leur vitesse — rompre l'allure, en cas d'accident, attendre dans quelque port les éclopés, retarder les autres.

En supposant — ce qui est probable — que toute attaque du convoi par l'ennemi eut été évitée jusqu'à Suez, il aurait fallu redoubler de vigilance dans la Méditerranée, à cause des sous-marins, à cause aussi de l'escadre autrichienne, non détruite.

L'exaspération hardie gagne toujours quelque chose. Ainsi, durant la guerre de Mandchourie, malgré le blocus fort serré de Port-Arthur et l'étroite surveillance du détroit de Tsoushima, trois bâtiments russes, cependant guettés à Vladivostock, parvinrent à s'échapper et ils détruisirent deux transports japonais avec leur chargement de soldats et de munitions.

En résumé, il aurait fallu surmonter mille difficultés matérielles et maints dangers pour amener les Japonais en Europe, soit par voie de terre, soit par voie de mer. Cet effort colossal à lente échéance était-il possible ? Peut-être. L'ingéniosité et la volonté persévérante de réussir eussent pu réduire les impossibilités.

*

* *

Les convaincus, les enthousiastes de l'intervention japonaise, ayant vu peu à peu diminuer les chances de réalisation de leur désir, s'avisèrent, sur la fin de la campagne, de rechercher les moyens d'obtenir, à défaut de l'armée de leurs rêves, au moins quelque chose du Japon, sous la forme de volontaires que l'on aurait sélectionnés, groupés, équipés et transportés. L'idée séduisit, non seulement en Europe, mais au Japon, où quelques journaux envisagèrent sérieusement la question : cette solution n'était pas bonne et ne pouvait donner de résultats appréciables.

Non seulement l'esprit guerrier de la Nation et sa fougue ne résident que dans les régiments de notre Empereur, mais militairement parlant, en dehors de ces considérations morales — si importantes cependant — l'utilisation des volontaires était impossible : ils eussent d'abord été trop peu nombreux pour fournir, même approximativement, une application des méthodes japonaises ; ces soldats improvisés n'auraient pu être conduits par des officiers convenables, selon les dispositifs des unités régulières qui, si réduites soient-elles, travaillent selon des procédés propres à chacune d'elles ; ces procédés s'ajoutant les uns aux autres, dotent les corps d'une initiative et d'une souplesse particulières. Donc l'emploi de volontaires japonais eut été une manifestation vaine, sans prestige comme sans utilité pratique.

*
* *

A défaut de pouvoir servir l'Alliance par les armes, le Japon lui a donné tout le concours qu'il a pu. A l'encontre de certains neutres qui firent beaucoup de bruit pour peu de chose et de certains futurs collaborateurs, qui ne cessèrent de demander le prix d'initiatives constamment retardées, le Japon mit toute sa volonté et toute son ingéniosité au service de la bonne cause.

Il faut bien le comprendre : *le Japon a tenu tous ses engagements à l'égard de l'Angleterre et, pour les Alliés, il a fait plus qu'il n'avait promis.* Non seulement il a tenu, au point de vue politique, dans les mers de Chine, dans le Pacifique, dans l'Océan Indien. le rôle important d'un surveillant contre les traîtrises germaniques — ses bateaux de guerre convoyant bénévolement les effectifs tirés de l'Australie et des Indes — ; non seulement il a envoyé aux combattants des ambulances et des hôpitaux, dont on a bien voulu reconnaître l'heureuse tenue, mais encore il a apporté en France des équipements et des armes ; après avoir donné à la Russie de l'artillerie avec ses servants, il a assumé la

tâche de lui forger l'énorme matériel et de lui assurer le formidable munitionnement nécessaires
aux batailles gigantesques qu'elle avait à soutenir.
Tout récemment, il a augmenté son initiative en
envoyant une escadre de croiseurs et de destroyers
dans la Méditerranée, pour collaborer avec les
marines alliées.

*
* *

J'ajouterai, en fin de ce chapitre, un bref paragraphe pour définir d'où, exactement, pourrait venir, en dépit des plus grandes difficultés, la décision
immédiate d'une intervention du Japon avec toutes
ses armes.

Pour qu'un effort aussi important eût lieu, un
accord du Gouvernement et du Parlement serait,
certes, nécessaire, et encore bien plus le consentement profond du peuple, mais tout le monde, y
compris l'armée — si grandement intéressée dans
la question, mais admirablement fidèle et loyaliste
— ferait ce qui serait prescrit par un seul mot de
Sa Majesté.

Qu'on ne voie pas là l'effet, irraisonné et subi à
l'allemande, d'un ordre despotique, brutal, arbitraire, non. Le Japon obéirait tout d'un bloc ainsi
qu'un fils obéit à son père, avec empressement,
avec amour.....

L'ARMÉE JAPONAISE

La question de l'intervention des Japonais en
Europe fut assez importante pour que nous don-
nions un aperçu aussi complet et aussi substantiel
que possible de cette armée dont on désirait la
venue et dont on connaît peu les rouages.

L'armée rêvée doit être une, de par sa composition et son esprit. L'idéal patriotique d'une armée
ainsi agencée est bien plus pur, plus parfait, plus
vigoureux. Le Japon est une des rares nations qui
profitent de cet avantage. Son armée est homogène,
comme sa population. Le Japon tient cette qualité
spéciale de sa situation exceptionnelle d'insulaire
non pénétré.

Qu'on veuille bien considérer l'aspect des troupes
qui s'opposent les unes aux autres en Occident :
toutes sont diaprées et comptent des éléments disparates, nuisibles à la bonne tenue de l'ensemble.
L'Autriche donne un modèle complet de cette hé-
térogénéité : elle comprend des Allemands, des
Hongrois, des Polonais, des Tchèques, des Croates,
des Italiens, des Slavons, des Tyroliens, des Dal-
mates, des Bosniaques. Peut-on assurer que la
forcé allemande, malgré la rigidité de sa contex-
ture, n'a point de mauvais auxiliaires dans les

Alsaciens, les Polonais et les soldats recrutés dans le Schleswig ? Qu'on se rappelle, en outre, les heurts violents qui se sont maintes fois produits entre Prussiens, Bavarois et Saxons. Les Italiens du Nord et ceux du Sud diffèrent totalement ; les Belges se départagent entre Wallons et Flamands ; les Français, exagérément nantis de trop de fils d'étrangers, de naturalisés incertains et séparés en gens fort dissemblables du Nord et du Midi, ne disposent pas d'une force d'un seul tenant. L'armée russe se forme de Polonais, de Finlandais, de Lithuaniens, de Caucasiens, de Kalmouks, de Sibériens, d'Ostiaks, de Tongouses, d'instincts fort opposés. Les Anglais, quoique leur population subisse depuis quelques temps de nombreux mélanges, seraient peut-être les seuls à avoir une armée de constitution assez raffinée et homogène, s'ils ne devaient point employer, vu l'insuffisance d'effectifs de leur métropole, d'énormes quantités d'Hindous, de Canadiens, d'Australiens et de Néo-Zélandais.

*
* *

Le Japonais arrive à l'armée, admirablement prédisposé, par l'aguerrisement de son physique, comme par la trempe de son moral, aux épreuves de la vie de soldat.

Il y a une vingtaine d'années, on allait encore dans les campagnes du Japon, tête et pieds nus, et c'était très bien, quoi qu'en puissent penser les arbitres du bon ton. Aujourd'hui on n'ose plus ; on a honte de cette simplicité de jadis très profitable au corps, mais qu'interdit le progrès. Aussi le Japonais, privé des pratiques du plein air qui ne lui enlevaient cependant rien de sa civilisation, est-il devenu plus fragile.

Nos soldats d'il y a dix ans étaient bien plus robustes que ceux d'aujourd'hui. La parfaite harmonie de l'être humain ne s'accomplira qu'au jour où l'on aura décidé de laisser le corps s'épanouir autant que possible en plein air ; plus normalement développé, il remplira mieux sa tâche matérielle et, peu sujet aux dépressions physiques, il gênera moins l'exercice de l'esprit qui l'anime.

Le soldat japonais, même débilité par la civilisation, est encore un guerrier de race, aimant naturellement les armes, la science du combat, la suprématie belliqueuse, comme la noblesse, la chevalerie et l'héroïsme : vertus d'un lignage, presque sans équivalent comme ancienneté et comme qualité.

Bien que moins robuste, en apparence, que le soldat européen, le soldat japonais a une intrépidité instinctive qui se fortifie d'avantages corporels propres à sa race ; il tient dans ses reins et dans ses cuisses une force anormale que démontrent, en irrésistibles « tours de hanche », les « sumos » engagés dans les championnats de lutte et en incroyables stagnations accroupies, les travailleurs nippons employés au soigneux arrachage de l'herbe dans les champs californiens. Cette faculté, singulièrement localisée, doit provenir de l'habitude qu'a le Japonais de s'accroupir toujours. Aujourd'hui encore, malgré les sièges confortables d'Occident qu'il peut avoir chez lui, le délicat élégant de Tokyo ou d'Osaka préfère s'installer les jambes croisées sur les tatamis de sa maison. Cette vigueur particulière des jambes est précieuse dans les guerres modernes, où il faut alternativement s'enfouir pendant des heures dans des trous ou courir, souvent longtemps, l'échine pliée.

Au physique, en plus de l'habilité, de la souplesse, de la dextérité que lui a données la pratique constante d'ingénieux exercices du corps, le soldat japonais témoigne d'une résistance illimitée ; il peut supporter indéfiniment les fatigues multiples des longues marches et des assauts répétés, avec une nourriture réduite : un peu de riz, rapidement pressé dans ses mains satisfait son appétit.

Il ne faut pas conclure de ceci que les Japonais sont des hommes sobres, agheustes, durs, insensibles de nature, stoïques, pour ainsi dire, par tempérament. Rien n'est moins vrai. Les Japonais savent, on ne peut mieux, différencier une bonne nourriture d'une mauvaise ; ils préfèrent à trop de fatigue un effort mesuré ; ils n'ont point — malgré ce qui se dit couramment — la vie en mésestime, et ils redoutent la mort ; mais ils gouvernent aisément la matière par l'esprit. Ce qu'il faut deviner, ce qu'il faut apprécier en eux, c'est une discipline morale exceptionnellement vigoureuse qui leur fait instantanément accepter ce qui doit être fait et supporter, en dépit de toutes difficultés, le devoir.

Cette heureuse constitution se complète de forces d'âme, d'esprit et de caractère très appréciables. La capacité d'endurance morale du guerrier japomais dépasse de beaucoup sa résistance à l'épreuve d'ordre physique ; la patience, la constance, l'énergie, l'opiniâtreté qu'il apporte à l'exécution de sa tâche de vaincre durent jusqu'au dernier rayonnement de sa vie ; son impassibilité réfléchie devant le danger assure à ses actes une plus grande efficacité. Et cet ensemble d'avantages moraux s'éclaire à la précieuse flamme d'une doctrine spiritualiste, où se mêlent l'espoir infini, la foi ardente et le souffle des ancêtres.

Le manque d'individualité du Japonais dans la vie sociale rend son absorption extrêmement facile dans la vie militaire ; celle-ci, qui n'aurait aucun profit à l'annexion d'être bruts, s'enrichit d'un apport toujours renouvelé, d'intelligences, d'initiatives et de docilités. Ces qualités, employées en faveur d'un objet captivant en soi, habilement utilisées et mises en train, doivent permettre d'atteindre aux meilleurs résultats.

On a fort justement comparé l'emploi d'une troupe japonaise à l'action d'ensemble d'une fourmilière aux dix milles tâches fixes et indéroutables ; mais l'œuvre de cette fourmilière humaine est d'autant plus efficace que l'instinct, déjà si remarquable chez l'insecte, est doublé du discernement du but à atteindre.

*
* *

L'honneur ou, si l'on préfère, l'orgueil militaire japonais est encore, chez nous, ce qu'il était au vieux temps. Le dévouement du soldat à son chef dont il y a, en maints passages de cet ouvrage, des exemples appelés par les circonstances, est aussi vif qu'à l'époque féodale. Le sentiment de famille, si fort qu'il fût, ne pouvait alors dominer l'exigence de fidélité au daimio. Il n'y avait pas là du fanatisme sauvage mais une loyauté, un dévouement de qualité admirable.

L'amour de la famille et l'immuable fidélité au maître sont mises en contraste d'une manière angoissante, qui montre leur importance égale, dans notre *Tera-Koya*, comptant parmi les drames les plus célèbres du théâtre japonais. Pendant une lutte entre féodaux, celui des deux adversaires qui a pris l'avantage et a tout détruit de son rival, poursuit férocement un très petit enfant qui, par hasard, échappa à l'extermination. L'orphelin a été recueilli et caché par un maître de village, dévoué à son seigneur mort. Le tourmenteur ne se rebute pas dans ses recherches infructueuses ; il a l'idée d'ordonner au maître d'école de réunir tous les enfants du pays ; dans le groupe il y aura certainement un inconnu qu'il faudra désigner et livrer sous peine d'un châtiment atroce. Les enfants sont groupés ; là, craignant qu'un hasard malencontreux n'indique le fils de son cher seigneur, attendu qu'il lui ressemble beaucoup, l'instituteur choisit comme victime son propre fils... Rien n'est émouvant, sous l'expression mise en relief par les acteurs, comme la joie et la douleur, qui poignent en même temps, le cœur de la femme du magister qui, en pleurant, conjure son fils adoré de ne pas manquer de courage et de satisfaire à l'honneur au moment de mourir, et le fils de répondre en souriant tristement : « Oui, maman ». Chaque fois, tous les spectateurs versent des larmes.

Souvent des ronins d'une même maison étaient engagés dans des clans adverses qui, soudain, entraient en lutte ; le père était alors le premier à recommander à ses enfants tragiquement séparés par le sort, de se battre, de se tuer pour la défense de leurs maîtres respectifs ; et ils le faisaient non seulement dans le bloc d'une bataille, dans l'entraînement d'une action générale, mais même, seul à seul, dans un duel, leurs sabres se croisaient et ne s'épargnaient pas. L'amour paternel a toujours été très fort au Japon, qu'on en soit bien persuadé, plus fort, que dans l'actuel Occident, mais l'idée d'honneur et de fidélité dépassait tout.

Notre sentiment de l'honneur militaire, répétons-le, est encore aussi parfait qu'autrefois.

C'est ainsi qu'un soldat japonais ne peut être blessé dans le dos. Dans les combats de jadis, il n'était pas possible qu'un samouraï fût atteint par derrière ; si cela lui arrivait, il se tuait plutôt que d'avouer sa mésaventure. Il en va de même aujourd'hui. Durant le siège de Tsin-Tao les troupes d'infanterie avaient autour de leur casquette le turban rouge, qui était autrefois l'insigne distinctif de la Garde Impériale ; elles reçurent, pour une attaque, l'ordre de recouvrir cette bande voyante susceptible de leur attirer plus de coups ; les soldats se contentèrent de recouvrir la partie au dessus de la visière, puisque l'ennemi ne verrait jamais l'arrière de leur coiffure.....

Le vêtement militaire du soldat, symbolique de son honneur et de sa légitime fierté, ne peut subir la moindre injure. Lors du dernier anniversaire de notre Empereur, un croiseur japonais relâcha à Singapore. Les marins, à l'occasion de cette fête, allèrent à terre. Quelques-uns furent intentionnellement pris à partie par des policiers du quartier chinois ; l'un de ceux-ci osa même tirailler la médaille militaire attachée sur la poitrine d'un matelot. Un coup de poing jeta à terre l'insolent ; aussitôt, effrayés ou désireux d'abuser de l'incident, les sbires appelèrent à l'aide. De nouveaux policiers accoururent et une ardente bataille s'engagea ; les Chinois devinrent si nombreux que trois Japonais succombèrent sous leurs coups, furent pris et emmenés. Le bruit attira d'autres marins, qui, se faisant place jusqu'au poste des surveillants, voulurent enfoncer les portes et délivrer leurs camarades ; il ne fallut rien de moins que les exhortations de notables japonais de la ville pour empêcher un pareil esclandre. Les matelots, cependant, ne se tinrent pas pour battus ; ils se hâtèrent de rejoindre leur bateau et de prévenir le commandant ; celui-ci délégua aussitôt le second de son bord au chef de la Police de Singapore. Non sans appréhension, le fonctionnaire reçut l'officier japonais qui, coupant court à toutes plaintes et explications, exigea qu'on lui présentât, séance tenante, les incarcérés. Ceux-ci furent amenés ; tout de suite l'officier leur adressa les plus violents reproches. Le chef de Police, abusé par ce ton de colère, se félicitait en lui-même de la tournure que prenait l'affaire ; sa satisfaction se montra si évidente que le lieutenant japonais s'empressa de le détromper avec rudesse. En réalité il reprochait à ses soldats de n'avoir pas assez fait. Le chef de Police fut tellement ahuri par cette déclaration qu'il capitula instantanément ; il libéra les marins, donna tort à ses hommes, fit des excuses et il acquit, une fois de plus, la certitude que l'uniforme d'un guerrier ne peut être impunément outragé.

L'honneur japonais ne transige jamais ; il n'admet guère la situation de prisonnier. C'est pourquoi dans les multiples opérations de la guerre mandchoue, il n'y eut que quelques centaines de prisonniers emmenés en Russie, la plupart grands blessés. On ne peut comprendre, chez nous, que les soldats se laissent enlever en grand nombre. Je me souviens de l'étonnement que j'eus, au lendemain de la bataille de la Marne, à voir des quantités de captifs allemands sans blessures et bien portants ; je sentis alors la qualité insuffisante de ces soldats auxquels leur foudroyante avance sur Paris avait donné, de loin, si puissante allure.

*
* *

Il y a une certaine ressemblance entre le soldat français et le soldat japonais : tous deux sont vifs, personnels, débrouillards, pleins d'allant, mais le français semble « extérieur » et le japonais « renfermé ». Par contre, aucun parallèle ne saurait être établi entre le guerrier japonais et l'homme de troupe allemand, très souvent sans grande vaillance individuelle, organe soigneusement entraîné et mis au point d'une machine colossale. Il **y a** indéniablement une bravoure collective allemande, une puissance de choc — celle d'un bloc mécaniquement dirigé et poussé — mais de cet ensemble lourdement fort, ne se détachent guère de soldats supérieurs, de véritables héros, et toutes les Croix de fer, que l'Empereur Guillaume distribue à poignées, n'infirment point cette opinion.

Le principal de la renommée des Allemands c'est, assurément, leur discipline : une nécessité qui importe beaucoup, mais qui, poussée à l'extrême, ne peut plus être subie que par des laquais. Le soldat japonais se montre autant, sinon plus discipliné que le soldat allemand, mais la différence des deux règles a des effets bien opposés. Le Japonais est aussi ardent que l'Allemand est passif ; cela provient peut-être, autant de leur caractère différent que de la mentalité dissemblable de leurs chefs.

L'officier allemand est, vis-à-vis de ses hommes, — suivant l'heureuse expression de l'abbé Wetterlé — plus lointain que hautain ; pour lui, le simple soldat appartient à une autre humanité ; sous sa morgue élégante, il n'a, pour inspiration professionnelle, qu'un instinct de dompteur. Les militaires germains ne sont pas admis à dépasser l'obéissance passive de la bête ; ces guerriers exemplaires sont les seuls au monde à se laisser botter sans rien dire.

Les soldats japonais sont menés comme des enfants que leur père aime un peu rudement,

mais ne châtie que pour leur bien ; leurs officiers leur demandent moins d'obéir que de suivre
leur exemple ; ils les conduisent au combat, tels
les Français, en allant devant. Ils enseignent ; le
« leutenant » impose.

Mais les exemples prouvent mieux que les as-
sertions.

Un matin d'hiver, par un froid très rigoureux,
certain régiment de chez nous allait à l'exercice,
quand un officier aperçut un « bleu » qui soufflait
sur les gerçures dont ses mains étaient tailladées ;
ce malheureux n'avait pas de gants. Le lieutenant
retira les siens et les donna au soldat. Celui-ci a
conservé une si grande reconnaissance de la sensibilité de son chef, qu'après quinze ans passés, il
lui écrit encore des lettres de gratitude et, à chaque
renouveau, lui adresse les primeurs de son jardin.

Par contraste, en Allemagne, un après-midi de
manœuvre, durant l'été, la pause venait d'être
ordonnée en terrain découvert ; il n'y avait d'autre
ombrage que celui fourni par deux ou trois arbres,
au feuillage très clairsemé. Les lieutenants, soucieux de s'assurer le maximum de bien-être, firent
grimper des soldats sur les branches afin de se
procurer plus d'ombre...

On n'invente pas d'histoires comme celle-là,
comme on n'imagine pas les enchaînements de
mitrailleurs sur leurs selles de tir. De même, on
ne peut plus douter de la réalité du « mêlé-Kron-
prinz » rapportée, en fin juillet 1915, par des fantassins du Schleswig, revenus du front occidental.
« Depuis le début de la campagne, disaient ces gens,

il est fait bon marché de la vie des hommes à l'armée du prince impérial. De grandes quantités d'alcool arrivent chaque jour et sont distribuées aux soldats avec prodigalité. La boisson la plus efficace est dénommée « mélange du kronprinz » et consiste en un punch d'éther et d'arrack, dont une bouteille est donnée à chaque soldat au moment où il va prendre part à une grande attaque. Il n'est pas rare, ajoutaient les schleswigois, de voir les hommes, affolés par le breuvage, charger l'ennemi en tenant d'une main leur flacon et de l'autre une bombe, absolument hébétés et inconscients du danger.

***

Les détails de la constitution de l'armée japonaise, de même que ceux de ses statuts particuliers, sont généralement connus en Europe sur des données inexactes. Fréquemment des revues, des ouvrages techniques, traitant ce sujet, sont tombés dans l'erreur ; cela tient à ce que les choses militaires sont assez ignorées, au Japon même, par suite du défaut d'écrivains compétents : la discipline s'opposant plutôt aux publications de spécialistes.

A partir de 1865, et surtout après l'évolution et la réorganisation du pays effectuées par l'Empereur Meiji, le Japon comprit la nécessité de se créer une armée moderne et de rechercher en Europe les méthodes militaires les meilleures et les plus en rapport avec sa nouvelle situation. C'est en France, tout d'abord, qu'il demanda des éduca-

teurs, et, dans la suite, nombre de ceux-ci — le
général Chanoine, en particulier — devaient laisser chez nous de très vifs souvenirs. En même
temps, on envoyait en Occident des officiers char-
gés de contrôler sur place la pratique des théories
introduites dans le pays. C'est ainsi que notre maréchal Oyama, alors simple officier, était chargé
dè mission en France au moment où éclata la
guerre avec la Prusse. Il suivit les principales
opérations de la campagne ; à son retour, il réclama des mesures techniques en rapport avec
ses observations et il conseilla vivement l'adoption
des lois et des coutumes de guerre qui régissaient
alors les principales nations civilisées.

La défaite des Français devait inciter le Japon à
rechercher les leçons militaires de leur vainqueur.
Après 1870, nos instructeurs d'armée furent donc
de plus en plus demandés à l'Allemagne, tandis
que l'on choisissait des conseillers maritimes en
Angleterre.

Les missions militaires européennes se perpé-
tuèrent au Japon jusqu'en 1890 où, leur objet ne
semblant plus s'imposer, on les supprima. Mais le
Gouvernement continua d'envoyer et d'entretenir
en Occident des stagiaires pour y parachever leur
éducation et leur technique. Toujours sous l'impression des événements de 1870, et grâce à l'effa-
cement indifférent de la France, ces stagiaires
étaient surtout destinés à l'Allemagne. Aussi les
doctrines militaires allemandes prirent-elles, peu
à peu, chez nous, une importance prédominante.
Même au moment où les Japonais eurent à souf-

frir des agissements cauteleux et des mises en demeure brutales de Berlin, ils conservèrent leur
prédilection pour les méthodes allemandes, et leur
conviction, depuis le début de la campagne jusqu'en 1916, était qu'elles devaient l'emporter sur
l'organisation moins parfaite des Alliés.

Les chefs militaires japonais se sont adaptés à
toutes les perfections successives de l'art de la
guerre, au fur et à mesure qu'elles étaient inno-
vées en Europe, sans toutefois les épouser strictement. Ils n'ont eu garde d'emprisonner l'armée
nationale dans une armature étrangère, de capo-
raliser l'instinct, les sentiments primordiaux et les
qualités natives de leurs soldats. Ils se sont adaptés et non assujettis : de sorte que l'armée formée
par leurs soins est doublement forte de vigou-
reuses qualités traditionnelles et d'heureux apports
modernes.

Le service militaire est obligatoire et personnel
de 17 ans à 50 ans. Mais cette obligation n'est que
de principe — la conscription fournissant du monde
bien au-delà des besoins ; en fait, on n'incorpore
qu'une faible partie du contingent annuel. La sélection n'est point dévolue au hasard du tirage au
sort. Une revision qui astreint la généralité, la sépare en trois fractions. Le premier choix, « ko »,
attribue immédiatement au service actif les sujets
particulièrement robustes. Le second choix, « otsu »,
retient dans une obligation assez analogue à celle
du service auxiliaire en France les conscrits de
moins bonne constitution ; (ceux-ci sont divisés en
deux catégories, dont la première est soumise à plus

d'exigence). Les faibles et les malingres forment le « hei » ; ils sont dispensés de tout service.

Les hommes versés dans le service armé appartiennent, en premier lieu, au « gueneki » (armée active), durant, en principe, trois années. Cette durée peut être réduite à deux ans (1) pour les hommes d'infanterie qui, mis en congé durant leur dernière année de service, demeurent cependant à la disposition de l'autorité militaire. La cavalerie, l'artillerie, les spécialistes font trois ans exactement. En second lieu, le « yobi » (réserve d'armée active) s'impose à l'intéressé pendant quatre ans et quatre mois, avec deux périodes d'exercice ; le « kobi » (territoriale) le garde douze ans, avec deux autres périodes d'entraînement ; enfin le « kokumin » (réserve de territoriale) le retient jusqu'à l'âge de 50 ans.

Le « hodju » conserve ses ressortissants un peu plus étroitement à la disposition de l'armée que ne le fait le service auxiliaire en France (en temps de paix tout au moins). Cette réserve sert particulièrement à tenir les effectifs à jour, au fur et à mesure des besoins. Les soldats de la première catégorie du « hodju » appartiennent pendant trois années à l'active et pendant quatre ans et quatre mois à la réserve de l'active ; la territoriale

(1) La loi de deux ans, quand elle fut discutée au Japon, suscita, comme ailleurs, des polémiques. En définitive, son principe fut accepté, mais seulement là où son insuffisance ne pouvait gêner la formation du soldat, c'est-à-dire l'infanterie ; les armes spéciales, demandant une préparation plus longue et un perfectionnement indispensable, continuèrent à retenir trois ans leurs contingents.

les garde sept ans, après quoi ils font partie du « kokumin ». Les hommes de la seconde catégorie sont moins retenus : un an et quatre mois d'active et sept ans de territoriale avant la « kokumin ».

En cas de guerre, les réservistes sont appelés au complément des unités de l'armée active, ou bien ils forment des groupes spéciaux.

Les dispenses de service actif sont très rares : cependant elles s'appliquent, de droit, aux diplômés d'Ecole Normale, qui ne sont astreints qu'à six semaines d'exercice. Le volontariat d'un an existe au Japon à peu près dans les mêmes conditions qu'en Allemagne.

Le contingent annuel est formé par les jeunes gens ayant accompli leur vingtième année. Les effectifs ne demandent qu'une faible partie de l'ensemble convoqué : sur 500.000 présentés ces dernières années, on n'a guère pris plus de 150.000 soldats.

L'Empereur est chef suprême de l'armée et de la marine dont il fixe la composition et les destinées suivant les besoins du pays ; il est assisté dans l'exercice de cette tâche par un Conseil à deux degrés : 1° Conseil des Maréchaux, 2° Conseil militaire, à peu près formé comme en France le Conseil Supérieur de la Guerre, mais plus amplement pourvu, attendu qu'il comprend, outre les Maréchaux, les Ministres de la Guerre et de la Marine et les Chefs d'Etat-Major, des officiers supérieurs d'origine spéciale, nommés directement par l'Empereur.

A l'Etat-Major sont réservées toutes les questions relatives à la doctrine de la guerre, à la défense nationale et à la mobilisation. Le chef d'Etat-Major général est indépendant du Ministre de la Guerre ; il relève seulement de l'Empereur ; il dirige les généraux de l'armée en tout ce qui regarde les choses essentiellement de guerre. Le Ministre est plus un administrateur qu'un dirigeant technique. Pour le contrôle de l'instruction de l'armée, il y a un Inspecteur général de l'Instruction militaire — indépendant lui aussi — qu'assistent des inspecteurs pour chaque arme.

Les officiers généraux appartiennent maintenant en très grand nombre à l'école moderne (il en est encore cependant qui demeurent acquis aux anciennes méthodes). Ce sont des spécialistes de haute culture et de parfait savoir. Le général Kuroki, commandant la première armée en Mandchourie, complimenté sur ses succès, se défendait d'en avoir le mérite, qu'il abandonnait aux mathématiciens d'état-major. C'était peut-être vrai, mais dans une certaine mesure seulement, car nombre de ces arithméticiens, attachés aux commandements, dessinèrent les combats un peu trop dans le domaine des hypothèses et des spéculations et ils furent heureux, en plus d'une circonstance, de trouver le concours de la sagesse, du stoïcisme et de l'impassible fermeté des chefs de l'ancienne armée : soldats instinctifs que d'aucuns jugeaient bien démodés. Ces modernistes ne pouvaient admettre qu'un résultat positif fût acquis, en dépit préparations, des règles et des formules de leur ils recherchaient toute solution exclusivement

par le calcul et la combinaison de savantes com-
plexités (1) mais le guerrier de race, doué par atavisme du génie des batailles, prenait d'instinct sa
décision de la chose à faire, passait à l'exécution
avec un féroce entêtement et souvent, même en
demeurant passif, obtenait un meilleur dénouement dans une situation critique.

Par exemple, le maréchal Oyama, vétéran de
nos armées — jadis employé contre les daimios
révoltés, et vainqueur des Chinois, à Port-Arthur
en 1894 — avait, en Mandchourie, comme chef
d'état-major, le général Kodama, un stratège de
haute valeur, énergique, certes, extrêmement in-
telligent, mais très moderne et un peu nerveux.
La bataille de Moukden, où le général Oyama
commandait en chef, s'engagea défavorablement
pour les Japonais. L'ennemi était supérieur en
nombre (370 bataillons contre 277) et plein d'en-
train. Déjà des fléchissements s'étaient produits ;
certains régiments avaient perdu, presque d'un
coup, tous leurs officiers ; d'autres se trouvaient
réduits à 600 ou 800 hommes et le Grand Quartier

(1) Certains allèrent jusqu'à ne pas vouloir attaquer parce
que, assuraient-ils, il était stratégiquement impossible de
réussir.

Ce penchant à tout résoudre par la science spéculative
avait reçu, en plus d'une circonstance, avant la guerre, le
blâme des grands chefs, moins débonnaires que le général
Kuroki. Notamment, lors d'une manœuvre fameuse, deux
généraux des plus réputés, usèrent l'un contre l'autre, de
tant d'évolutions transcendantes, qu'ils en arrivèrent à un
enchêvetrement indémêlable. En Mandchourie, plusieurs al-
gébristes furent destitués après l'échec de leurs plans trop
abstraits.

était assailli de demandes pressantes de secours par les brigades et les divisions trop menacées. Le général Kodama, désorienté par cet afflux de mauvaises nouvelles et les sollicitations incessantes par téléphone où par message, n'avait plus de réserves et commençait à s'affoler quand le maréchal intervint. Celui-ci n'ignorait rien de la situation périlleuse ; un matin, d'assez bonne heure, il sortit de sa chambre, les yeux encore gonflés de sommeil ; il demanda sur un ton extrêmement naïf, auquel s'ajoutait l'accent de sa province de Kagoshima, (qui produit l'effet de l'accent auvergnat en France) : « Kodama San, on entend la canonnade ; la bataille durerait-elle encore ? »..... Le général Kodama n'en croyait pas ses oreilles. Mais le vieux maréchal, le guerrier valeureux d'autrefois, poursuivit avec l'opiniâtreté du samurai : « Oh ! ça finira bien. Nous l'emporterons bientôt »..... Le Chef d'état-major comprit la leçon ; il maîtrisa sa nervosité, s'imposa le calme et se remit à donner posément les ordres qu'il fallait. Les forces japonaises furent convenablement agencées et la bataille fut gagnée. Comme quoi, dans les actions importantes, la force de l'âme est souvent préférable aux forces de l'esprit, et la lucidité d'un instinct supérieur aux données exactes de la science. Comme quoi aussi le Chef d'état-major doit se tenir loin du champ de bataille et jouer sa partie en toute indépendance, sans préoccupations, comme si elle ne se payait pas avec des moissons de vies humaines ; il ne doit rien voir, rien ressentir de l'exécution, afin de n'être pas impressionné par les atrocités de détail. Il ne faut pas que chez lui l'homme puisse être atteint derrière le technicien.

Durant une autre bataille mandchoue, aussi hasardée, sinon plus, que celle de Moukden, le général Kuroki, dont la modestie vantait si bénévolement la collaboration des modernistes, se rendant compte de l'impossibilité de s'assurer le succès, quitta son état-major, et bientôt ses officiers s'aperçurent qu'il dormait dans une pièce voisine de leur chambre de travail. Le général Fujii, chef de l'état-major, alla constater le fait. Après la bataille, qui tout de même fut heureuse, le général Fujii, très intrigué, demanda au commandant en chef quel sentiment avait bien pu l'inciter à s'aller coucher dans des circonstances aussi dangereuses. « Ne voyez dans mon acte, répondit Kuroki, aucune inspiration extraordinaire ; la bataille étant trop difficile, constater l'insuccès de l'effort à donner ne me semblait pas utile et était moins agréable que dormir ; c'est pourquoi j'ai dormi...... »

Sans doute quelque raison plus plausible avait motivé le sommeil inattendu du stratège. Peut-être Kuroki n'avait-il affecté de s'abandonner ainsi que pour intensifier l'activité et l'initiative de ses adjoints, dont l'absence du chef augmentait la responsabilité ; peut-être avait-il voulu enseigner le calme devant le danger aux jeunes officiers. Puisque le chef dormait, le péril ne pouvait être bien grand : ils continueraient leurs travaux avec un peu plus d'assurance.

Aux qualités d'âme à l'antique de nos généraux se mêle souvent un humour spécial. En Mandchourie, ce même général Kuroki avait à son quartier un certain nombre d'attachés militaires européens, dont un colonel suisse qui, parfois, faisait montre d'ironie — oh ! d'ironie de bon ton, d'ironie légère, mais d'ironie tout de même, envers le soldat japonais. C'est ainsi qu'après la bataille du Yalou, cet officier s'en vint trouver le général Kuroki et le complimenter de sa victoire dont tous les éléments étaient merveilleux. Cependant, insistait le louangeur, ce qui m'a le plus surpris, c'est que le fantassin japonais pût accomplir d'admirables choses et se battre souvent tout un jour, sans autre nourriture qu'un peu de misérable riz... agrémenté il est vrai, de « l'oumeboshi » (sorte de prune marinée dans le sel et le vinaigre, dont la saveur violente est insupportable). Le colonel insistait trop sur cet « oumeboshi », doué de vertus exceptionnelles. Le général Kuroki prit au mot le plaisant ; il se mit à vanter l' « oumeboshi », demanda qu'on lui en apportât séance tenante et en offrit à son interlocuteur. Le colonel accepta de confiance, mais il eut la bouche douloureusement brûlée et resta, grimaçant, à rouler derrière ses dents l'atroce confiserie, qu'il ne pouvait ni rejeter, devant le général, ni avaler ; à la longue, cependant, il dut se résigner à cette dernière solution ; sur quoi Kuroki le complimenta tellement qu'il dut accepter une deuxième prune. Un jeune officier eut toutefois pitié du malheureux et lui offrit une coupe de champagne. Depuis ce jour, le colonel suisse ne plaisanta plus le soldat japonais sur l'originalité de ses coutumes.

*
* *

L'accession à la situation d'officier est matériellement rendue très facile par les règles de
l'armée qui ont été disposées de telle manière
que tout homme doué puisse parvenir au commandement, même le plus haut placé (donc à la
plus haute situation dans l'Empire). L'éducation
dans les écoles, même supérieures, est gratuite
ou tout au moins facilitée à l'extrême ; elle est extrêmement soignée ; elle est longue, méthodique
et graduée.

Le candidat à la fonction d'officier a la faculté
d'y parvenir par deux voies différentes — à leur
origine, du moins. Il peut, d'une part, s'initier très
jeune à la profession militaire dans une école de
cadets. En ce cas, il séjourne d'abord trois ans
dans une des écoles préparatoires établies aux
chefs-lieux des régions militaires : Tokio, Osaka,
Sendaï ; Nogaya, Hiroshima et Kumamoto, après
quoi il entre pour deux années à l'Ecole centrale
des cadets de Tokio ; à la fin de ce stage, il accomplit six mois de service comme simple soldat. Leur
première éducation pratique étant ainsi accomplie,
vers vingt ans, tous les aspirants passent par l'E-
cole spéciale d'officiers de Tokio, qui correspond
au Saint-Cyr français ; ils y demeurent dix-huit
mois, puis retournent à l'armée pour six autres
mois, avec un grade correspondant à peu près à
celui de sergent-major. Après ce dernier noviciat,
ils sont nommés sous-lieutenants.

Il y a un autre moyen de devenir officier. L'élève

d'enseignement secondaire, ayant accompli son cycle d'études, peut assez rapidement embrasser la carrière militaire. Simple soldat pendant une année, sans autre préparation technique, il rejoint à l'Ecole spéciale d'officiers à Tokio les élèves formés dans les établissements de cadets ; il suit le cours entier, retourne au régiment avec le grade de sergent-major, pour six mois, puis est nommé sous-lieutenant.

Le perfectionnement de l'officier de troupe est poussé très loin. Les spécialistes sont soumis à un stage technique important, dans une école appropriée, afin de parachever leurs connaissances pour l'infanterie, la cavalerie, l'artillerie, etc... Quant au brevet d'Etat-Major, si considéré dans l'armée japonaise, il n'est attribué qu'à des sujets d'élite qu'une sélection fort rigoureuse extrait d'un ensemble exceptionnellement capable.

Chaque année, un ou deux des meilleurs officiers de chaque régiment sont appelés à prendre part à un concours ouvert à Tokio pour une cinquantaine de places à l'Ecole de guerre. Ceux qui réussissent dans cette épreuve entrent à l'Université militaire et, après une nouvelle année d'études variées et d'ordre très élevé, obtiennent enfin les aiguillettes.

Les officiers de réserve sont recrutés parmi les volontaires d'un an, les officiers démissionnaires et les sous-officiers du « yobi » reconnus aptes à tenir cet emploi. L'armée active compte environ 10.500 pour officiers, le « yobi » 5.000 et le « kobi » 3.500.

* *

L'armée japonaise n'utilise pas la formation, dite de « corps d'armée » ; sa plus forte unité constituée est la division autonome, qui comprend tous les éléments et tous les services du corps d'armée européen.

L'armée japonaise se compose de 18 divisions, groupées, en temps de guerre, en commandements d'armées, plus une division de la Garde. Deux de ces divisions résident en Corée et en Mandchourie. La Garde et la première division sont à Tokio.

Les divisions comprennent chacune, généralement, deux brigades d'infanterie à deux régiments, un régiment de cavalerie, un régiment d'artillerie, un bataillon du génie (avec équipage du pont), un bataillon du train, un détachement de gendarmerie, un détachement de télégraphistes, un dépôt de remonte, six hôpitaux de campagne, avec deux compagnies d'infirmiers.

La division est ainsi forte de 12 bataillons, avec 11.000 fusils, 3 escadrons et 450 sabres, 36 canons 28 mitrailleuses, 600 officiers, 18.500 hommes de troupes, 500 chevaux et 1.700 voitures.

L'infanterie est formée de 76 régiments, dont 4 régiments de la Garde, à 3 bataillons de 4 compagnies, soit au total : 228 bataillons.

La compagnie (tu-taï), à effectif de guerre, comprend 4 officiers, plus, généralement, un adjudant et 235 hommes ; le bataillon (daï-taï) a 22 offi-

ciers et 1.019 hommes, et le régiment (ren-taï)
69 officiers et 3.000 hommes, dont 260 non combattants.

. Le fantassin japonais est armé d'un fusil à ré-
pétition, système Arisaka, modèle 1897, modifié
en 1905. du calibre de 6 m/m 5 (le plus petit calibre
en usage). Une compagnie de mitrailleuses est
attachée à chaque régiment d'infanterie.

La cavalerie compte 27 régiments, y compris
ceux de la Garde, groupant 3 ou 4 escadrons suivant les cas. Dix-neuf régiments s'incorporent
dans les divisions ; huit restent indépendants : au
total, 89 escadrons.

Les officiers et les sous-officiers de cavalerie sont
armés du sabre et du revolver ; les cavaliers, du
sabre et de la carabine à baïonnette s'engainant
automatiquement dans le fût. Une section de
quatre à huit mitrailleuses est adjointe à chaque
régiment de cavalerie, ainsi qu'un détachement de
télégraphistes.

L'artillerie de campagne comprend 25 régiments
montés, dont 19 endivisionnés — affectés aux for-
mations d'infanterie — et six indépendants accou-
plés en 3 brigades ; 10 batteries à cheval, 3 groupes
à 3 batteries et 3 batteries indépendantes d'artillerie de montagne, 18 groupes et 10 bataillons
d'artillerie lourde qui, en temps de guerre, com-
posent deux parcs de siège.

Le régiment d'artillerie, à deux groupes, est
composé de 6 batteries ; chaque batterie dispose
de six pièces et de six caissons. A la mobilisation,
chaque régiment actif d'artillerie forme un régi-

ment de réserve à 4 batteries, plus une batterie de dépôt. De sorte que l'artillerie montée comprend, en temps de guerre, 150 batteries de campagne, 100 batteries de réserve et 25 batteries de dépôt, soit 275 batteries.

L'artillerie de montagne doit, à la mobilisation, fournir 21 batteries.

L'artillerie lourde comprend six régiments à trois groupes. Quatre de ces régiments sont embrigadés, à raison de deux par brigade. Les deux autres régiments se fractionnent en 10 bataillons formant des unités indépendantes. Une partie de l'artillerie lourde est attribuée au service en campagne ; l'autre sert à la défense des côtes et, en temps de guerre, forme des parcs de siège. Chaque groupe d'artillerie lourde dispose de trois batteries et doit, à la mobilisation, en former une quatrième ; dans ce cas, chaque régiment constitue deux groupes de réserve à deux batteries, plus une batterie de dépôt.

Les batteries de campagne sont pourvues du canon type Arisaka 75 m/m, à tir rapide et muni de boucliers que l'on fabrique à Osaka ; le retour automatique en batterie est assuré par un frein à glycérine avec récupérateur à ressorts ; la portée de la pièce est de 8.000 mètres environ ; son obus, analogue à celui du « 75 » français, pèse à peu près six kilos. Les batteries à cheval se servent également d'un « 75 » à tir rapide, mais de modèle plus récent. Le canon des batteries de montagne est un composé des meilleures marques : Schneider et Ehrardt.

L'artillerie lourde de campagne dispose, à la fois, de pièces de 105 long, système Arisaka — avec frein hydraulique et bouclier, portant à 12 kilomètres et pouvant tirer de 4 à 5 cinq coups par minute, — de 105 court et d'obusiers de 120 et de 150, tirant utilement à 6 kilomètres.

L'artillerie de siège est riche de types divers : canons de 90 et de 150, mortiers de 90, 120, 240 et 280 ; mortiers longs de 200 et 240 ; obusiers de 90, 210, 280, 300 et 380. Une partie de ce puissant matériel, de fabrication francaise, provient du Creusot.

L'armée dispose, en outre, de canons de tranchées et de mitrailleuses spéciales pour tirer contre les abris fortifiés.

Le génie compte 19 bataillons (dont un de la Garde), à trois compagnies de 248 hommes et 5 officiers. Chaque bataillon mobilise un équipage de pont. Quatre bataillons de chemins de fer, un bataillon de télégraphistes et un d'aérostiers sont annéxés au génie.

Le train est également composé de 19 bataillons, mais à deux compagnies seulement.

Sur le pied de paix, l'armée japonaise ne dépasse guère 280 ou 300.000 hommes, y compris les corps d'occupation. Aujourd'hui la mobilisation donnerait 550 ou 570.000 hommes, avec toutes facilités pour trouver dans les réserves le complément nécessaire devant entretenir constamment l'effectif combattant. Quand la loi de deux ans aura donné ce que l'on attend d'elle, on peut supposer que le Japon disposera de 1.500.000

hommes instruits ; dont 750.000 environ de première ligne.

*
* *

On ne saurait trop le dire et le répéter, l'armée
japonaise trouve le merveilleux de sa force dans
l'intrépidité de ses soldats et dans leur énergie
exceptionnelle.

Un bref aperçu de la défense et de l'attaque de
Port-Arthur permettra de mieux comprendre les
résultats que peuvent obtenir la patience et la
force intelligente. Les batailles qui se livrèrent
là atteignirent à une violence et un acharnement
que l'Europe n'a pas appris. On se sacrifia par milliers ; un de mes amis fut le seizième commandant
d'un bataillon ; blessé, il fut remplacé par un dix-
septième.

On sait le résultat nul, ou tout au moins insuffisant, qu'exercent actuellement sur des travaux de
défense provisoire les puissants explosifs modernes, déversés en pluie constante, pendant des
heures. Or, contre Port-Arthur, formidablement
agencé pendant des années, nous n'avions ni les
cordites d'aujourd'hui, ni les canons monstres qui
effondrent les coupoles et pulvérisent les murs, ni
même de l'artillerie de campagne suffisant à écraser les lacis de fils de fer ; notre intendance, pauvre
de moyens, ne pouvait qu'effectuer insuffisamment
le ravitaillement en nourriture et en munitions ;
nous ne connaissions pas la guerre de tranchées
et des travaux d'approche : nos derniers ennemis
avaient été les « boxers ». On devait suppléer à

nombre d'éléments d'attaque par de la vaillance humaine.

Port-Arthur, du côté des terres, était protégé par un cercle de montagnes inaccessibles ; inaccessibles, parce que faites de roche dure, sans reliefs, sans habitations, sans le moindre abri, même précaire, et, d'autre part, habilement aménagées, fortifiées et armées pour la défense.

Qu'on se figure chaque colline d'une hauteur relativement considérable — deux à trois cents mètres — dont le roc ne laisse pas de prise aux travaux de campagne et de sape. Précédant de loin la base de la montagne, ce sont des mines, des fougasses traîtresses, puis un ample, profond et indémêlable réseau de fils de fer, auquel s'ajoute un autre filet barbelé, disposé plus près de terre pour prendre les pieds des assaillants et les jeter à bas

La simple destruction de ces fils de fer était une entreprise très difficile. On ne pouvait l'effectuer qu'entre le coucher du soleil et le lever de la lune. Des sections partaient alors successivement. Mais les Russes veillaient ; au moindre crissement d'acier, des projecteurs balayaient le terrain et les mitrailleuses fonctionnaient. Les patrouilles surprises étaient massacrées auprès de leur besogne. Un de mes amis, chef de stratégie à l'état-major du général Nogi, et qui, en cette qualité, surveilla souvent des débuts d'assaut, m'a maintes fois conté ses angoisses dans cette lutte contre les ronces. Les équipes cisailleuses disparaissaient les unes après les autres sans avoir pu libérer le terrain ; on en vint à ne plus envoyer qu'un seul homme à la place d'une section. Chaque fois que le chef désignait un soldat, il avait le sentiment précis qu'il l'envoyait mourir, et cette sensation était d'autant plus pénible que l'homme désigné savait le sort qui l'attendait ; parfois, en s'en allant, il faisait une chanson comme celle-ci : « Malheur ! aussitôt que s'entend le bruit du ciseau, la vie s'en va ! »

Au delà de ces redoutables entrelacs de fils de fer, une sorte d'escarpe masque divers dispositifs d'arrêt : chevaux de frise, tranchées et fils de fer. Tout ce terrain est, en outre, sous le plein feu de mitrailleuses cachées dans des réduits, à mi-côte, et sous celui des grosses pièces des forts des sommets. Les mitrailleuses, à elles seules, forment une barrière presqu'infranchissable. Poursuivons cependant : la croupe s'accentue ; elle est fendue par une tranchée masquée, puis barrée par une coupole garnie de mitrailleuses. Au bout de la pente, au pied des forts, il y a une immense douve, profonde de dix mètres, d'où monte, suprême obstacle dressé contre l'assaut, une ancienne muraille chinoise, épaisse, droite, sans fin. Loin derrière ce mur, se dressait enfin la citadelle, formidable, bastionnée, ceinturée, crénelée, épaulée, très armée et copieusement pourvue de défenseurs tenaces. Dans nombre d'assauts, les Japonais, après avoir franchi tous les obstacles, parvenaient jusqu'à la douve ; emportés par l'élan, ils sautaient, élevant au-dessus de leur tête des échelles légères, destinées à escalader le mur. Des Russes, enfoncés dans une arrière-fosse, mitraillaient ceux qui tombaient : c'était un tombeau inévitable.

Pourtant il fallait passer, on passa, après maints assauts de jour et de nuit, mais à quel prix !

La destruction des mitrailleurs de la douve s'imposait avant tout : la difficulté était de les atteindre ; on ne pouvait y parvenir que par la sape. Mais la dureté des roches ne permit d'avancer que très lentement. (J'ai vu, au musée de Port-Arthur, des pioches employées dans les travaux du siège ; le fer de ces outils, dont le développement normal devait être de 60 à 70 centimètres, était réduit à rien). En certains endroits, les mineurs ne pouvaient creuser, durant tout un jour, qu'un trou profond de 20 à 30 centimètres. Pourtant, à force de patience et de travail opiniâtre. on parvint à pratiquer un couloir vers le réduit des Russes, dans le gouffre infranchissable. Une colonne d'attaque fut lancée par là ; elle donna en plein dans le feu des mitrailleuses que les occupants de la caverne, prévenus sans doute par les coups de pioche, avaient tournées dans la direction d'un bruit qui leur semblait insolite. L'étroit accès des assaillants était facile à obstruer ; les balles abattaient les hommes les uns sur les autres ; il y eut un instant de flottement dans l'élan ; mais cela ne dura qu'un moment : les Japonais reprirent du ressort, se faufilèrent jusqu'aux mitrailleurs, renversèrent leurs machines, si bien qu'en dépit de tout le fossé devint libre.

Il ne restait plus, avec de frêles échelles pliantes,

qu'à escalader le mur au sommet duquel, les
Russes dispensaient à foison des projectiles à
main. Sur tout un régiment, c'est à peine si
quelques dizaines d'hommes parvinrent à se his-
ser. En haut, ceux-ci se trouvèrent aussi peu
avancés que possible ; la crête était ronde, polie,
invulnérable, trouée seulement par la gueule des
canons. Or il y eut un lieutenant japonais assez
hardi pour reconnaître la disposition de la défense
à travers le tube d'une de ces pièces, durant le
temps s'écoulant entre une décharge et un rechar-
gement. A de pareils hommes rien n'est impossible...

L'une des ruées les plus remarquables, parmi
ces invraisemblables attaques, eut lieu entre les
forteresses Nord Kei-Kanzan et Niryusan, puissamment organisées. C'était la brigade Ichinoyé
qui tenait ce côté. Après mille peines, les Japonais
parvinrent à crever une porte dissimulée entre les
deux positions ; ils poussèrent droit devant eux ;
ils allèrent même si loin qu'une contre-attaque
russe les coupa du gros de l'armée et que, cernés,
ils tombaient rapidement sous les coups. Cependant, le général Ichinoyé, toujours en avant de ses
soldats, eut enfin le dessus. Son nom fut donné,
plus tard, au terrain, si bravement gagné par lui.

Sur mer, c'était uniquement de nuit que l'on
pouvait agir contre la ville. L'embouteillage du
port, destiné à neutraliser la flotte russe, ne fut
réussi qu'après plusieurs entreprises cruelles. La
dernière de ces tentatives s'accomplit dans des
circonstances particulièrement tragiques. Douze

transports étaient partis, la nuit, comme toujours ;
il y avait au large une tempête épouvantable, malgré laquelle on devait parvenir, tous feux éteints,
aux passes et se faire couler. Dès le départ de l'expédition, l'ouragan redoubla de violence et essai-
ma les bateaux ; trois seulement parvinrent au
lieu indiqué, tout en se garant des mines, par le
bas, et de la mitraille des forts, par le haut. Ces
trois transports se fixèrent au lieu convenable et
se firent immédiatement sauter, comme c'était
leur mission.

Mais le torpilleur d'escorte, qui devait recueillir
les équipages, n'avait pu suivre et les réchappés
se trouvèrent donc abandonnés à la mer. Plutôt
que de se noyer lugubrement, ces sacrifiés, ayant
placé leur sabre entre leurs dents, nagèrent vers
le port ; ils assaillirent les Russes à l'arme blanche
et luttèrent jusqu'au bout de si brave façon que
le gouverneur, ému par tant de courage, leur fit
faire, le lendemain, de grandioses funérailles.

*
* *

La doctrine militaire japonaise n'aime pas à se
révéler ; je puis tout de même en donner quelques
principes directeurs. Au vouloir de vaincre à tout
prix, si fortement ancré dans le caractère du soldat japonais, le système de commandement ajoute
l'esprit d'initiative de l'unité et sa responsabilité
particulière. Chacun doit travailler et arriver à
bout de sa tâche avec ses propres moyens, sans
espérer d'aide. Ainsi l'éducation de l'infanterie

est faite d'après ce principe rigide et, en apparence, paradoxal : « Gagner une bataille avec l'infanterie seulement. » Cette simple indication est
suffisamment révélatrice d'une thèse générale.

Il est manifeste que l'objectif principal de la
tactique japonaise est l'offensive, l'offensive foudroyante et continue. Cela implique donc l'utilisation de la force par masse et de l'attaque grou-
pée. Mais il y a la manière.....

L'action compacte, menée à fond, est, quoi que
l'on puisse en penser, la seule susceptible de donner des résultats positifs, mais elle doit s'accomplir avec des moyens et surtout avec des
exécutants appropriés. Les Allemands n'eurent
pas tort, en principe, sur l'Yser et à Verdun,
mais la réalisation de leur projet de trouée ne
pouvait aboutir avec une infanterie insuffisamment agile et ardente. Il faut savoir mettre le prix
à l'action en masse et ne point mesurer sa dépense
en tenant compte de la valeur humaine ; l'infanterie doit y être employée comme un outil d'éven-
trement des lignes. En Europe, on répugne à ce
genre qui semble brutal et dispendieux, et l'on a
tort ; il coûte moins cher en réalité qu'en apparence ; il est plus économique, à tous les points
de vue, que l'action réduite et lente. A cause de
l'agencement matériel de la guerre moderne, si
l'on n'obtient pas des résultats immédiats en terrain libre, on en arrive à la guerre d'usure, insa-
tiable dévoratrice d'hommes et de ressources.
Qu'on veuille bien supputer le prix de revient du
cache-cache qui se joue depuis trois ans ! La guerre

d'usure détruit presque autant celui qui la fait que celui qui la subit ; elle est, pour chacun des adversaires, moins un aveu de forces s'équivalant, qu'une preuve d'impuissance.

Une particularité de la tactique japonaise est d'user de sa force en bloc rapide là où l'ennemi est le moins en armes. Cette manière, en soi, appartient essentiellement à notre nature : les procédés de combat de jiu-jitsu ne sont pas calculés autrement.

La tactique japonaise emploie donc tous les moyens susceptibles de tromper l'adversaire avec le balancement de ses masses, pour l'écraser en son point faible : elle opère tour à tour par feintes, marches rapides, faux retraits, enveloppement par les ailes, etc..., mais c'est peut-être le percement de milieu que les généraux emploient le plus volontiers pour arriver à leurs fins ; il faut dire que jusqu'ici cela leur a réussi.

L'enfoncement de milieu ne souffre pas de meneur médiocre, car ses dangers égalent à peu près ses chances : il réclame un dirigeant au coup d'œil sûr et à la décision prompte, capable d'ingéniosité dans ses préparations, comme de brutalité et de souplesse dans l'exécution. Le choc ne doit pas frapper à côté du point utile ; étant l'incident capital d'une action générale, il convient que les diverses contingences de la bataille s'intéressent à son sort : de là, obligation de réussir en dépit de tout.

Les généraux japonais envisagent ce procédé de forcement comme pouvant s'exercer sans flexion sur un front relativement étendu — une vingtaine de kilomètres au moins — et devant, en profondeur, aller très loin. Bien avant les batailles d'Europe nos tacticiens avaient reconnu la nécessité de faire précéder l'enfoncement par l'infanterie d'un copieux arrosage d'artillerie, en vue de débarrasser le plus possible le terrain d'assaut. Le champ étant préparé, l'attaque déferle. Pourvu que les réserves suivent avec une fougue calculée sur celle de l'enfonceur, la violence de la charge a bien des chances de bousculer et de rejeter l'ennemi. Certes, une pareille initiative ne va pas sans grosses pertes pour l'assaillant, mais l'expérience a démontré que l'on se fait moins tuer en courant tout d'une traite sur la position à saisir, qu'en recherchant dans la direction du but des abris que l'adversaire a toujours repérés d'avance et qu'il peut aisément écraser d'obus ; et puis le résultat à gagner est considérable, et l'armée japonaise, quoi qu'il en puisse coûter, se décide toujours pour obtenir des avantages importants : le gros prix à payer d'un coup lui semble préférable à la dépense partielle incessamment renouvelée.

L'enfoncement de milieu emprunte des modalités variables selon la nature du terrain à parcourir, la position de l'adversaire et la capacité de résistance qu'on lui prévoit. C'est au chef à assurer, d'après les circonstances, l'agencement et l'articulation de sa troupe. Parfois ses dispositifs sont très originaux. Ainsi durant la bataille de Moukden, la brigade Hayashi réussit sa manœuvre d'enfoncement d'une façon intéressante. L'enfon-

cement étant par définition un procédé de **choc**
brutal on supposait, jusque-là, qu'il n'y avait **rien**
de mieux à faire que de grouper rapidement **vers**
le point supposé vulnérable la plus grosse force
possible et de la lancer en bloc, tout droit, au plus
court, pour crever les lignes adverses et passer.
Avant la manœuvre dont il est question, on n'a-
vait peut-être jamais songé à une configuration
spéciale de la masse attaquante devant, à la fois,
pourvoir automatiquement au renforcement des
angles et à la meilleure faculté de pénétration. Le
général s'avisa, vu son peu de monde, de disposer
ses troupes de façon à ce qu'elles ne pussent être
pressées sur les flancs : au lieu de les composer en
agrégat rectiligne, dont les extrémités eussent pu
s'émousser et s'user jusqu'au point de céder, il les
forma en coin convexe, c'est-à-dire en importante
force de centre tenant des éléments placés en
oblique sur ses côtés. Le tout était de persévérer,
tout en se battant, dans cette formation originale ;
on y parvint, et la partie fut gagnée.

Notre première et notre deuxième armée, qui à
Moukden formaient le centre, résistèrent offensi-
vement à un ennemi incomparablement plus nombreux ; non seulement elles chicanèrent le terrain
mais elles progresèrent peu à peu, tandis que les
troisième et quatrième armées formaient enveloppement à droite et à gauche au nord de la ville. Durant cette fameuse bataille, notre stratégie employa
et réussit les procédés tactiques les plus opposés :
enfoncement de milieu, enveloppement par les
ailes, barrage par les tranchées, défensives opi-

niâtres ; car, à l'encontre de ce que l'on pourrait croire, si la défensive n'est pas un système haut placé dans la doctrine militaire japonaise, son usage n'en est pas délaissé pour cela, au contraire ; l'infanterie est, tout autant qu'éduquée pour l'attaque, exercée au minutieux débat du terrain, aussi bien qu'à tous les travaux de campagne, y compris l'habile aménagement des tranchées et leur sournois bouleversement.

Une légende s'est même répandue qui donne les Japonais comme les instigateurs modernes de la guerre de tranchées. C'est un peu trop dire. D'abord nous n'avons pas inventé la guerre de tranchées, puis, quand nous l'avons adoptée, c'est qu'elle s'imposait comme une nécessité — parce que nous avions à combattre un ennemi constamment supérieur en nombre, et qu'en ce cas il faut user de tous les expédients pour se protéger, et qu'aussi la nature même de la contrée où nous devions opérer nous y contraignait.

On n'a pas idée de ce que fut pour nous la Mandchourie : l'été, désert intenable, nu, brûlé et brûlant, hanté de mouches à ce point que nos soldats devaient se protéger contre elles avec des masques spéciaux et qu'il ne leur était point possible de porter à leur bouche, si rapidement que ce fut, une poignée de riz sans qu'elle se trouvât couverte d'insectes ; l'hiver, la température oscillait entre 20 et 25° ; s'il advenait qu'un soldat imprudemment déganté, touchât, par mégarde les parties métalliques de son armement, sa peau y demeurait collée et se couvrait instantanément d'engelures purulentes de mauvais aloi. On ne pouvait livrer aucun combat. Une rigoureuse stagnation s'imposait aux deux adversaires. Russes et Japonais se trouvaient contraints à défendre, sans bouger, leurs positions respectives. Tout mouvement était interdit par le froid que les Russes — en majeure partie des Sibériens admirablement équipés — supportaient mieux que les Japonais, plus sommairement entretenus. C'est alors que ceux-ci, à la fois pour garder leurs lignes et pour se dérober à l'horreur du froid, pendant l'armistice forcé, s'avisèrent de s'enfoncer en terre, et imaginèrent des retranchements profonds, des abris, des cavernes que les Allemands en mission aux états-majors remarquèrent tout particulièrement.

En ce qui concerne spécialement les tranchées de bataille, on utilisa en Mandchourie une disposition sensiblement différente de celle que l'on a mise en usage, aussi bien d'un côté que de l'autre, dans la présente guerre. Au lieu de couloirs d'un seul tenant, agencés d'accès compliqués, de boyaux sinueux et de sorties propices, en cas d'attaque féroce, à la retraite des défenseurs, les tranchées japonaises étaient constituées par une chaîne de fosses hexagonales, défendues de l'une à l'autre par un simple réseau de fils de fer barbelés. Chaque fosse de la ligne constituait un fortin autonome : fortin souterrain, comportant des caches plus profondément enfouies, susceptibles de garder les occupant durant le bombardement de l'ennemi, et armé de manière à couvrir de ses feux non seulement le terrain de face, mais encore celui séparant les excavations entre elles. Ce système avait l'avantage de mieux assujettir la résistance ; le défenseur, inéluctablement retenu par les flancs de son réduit, devait tout faire pour ne pas y être écrasé ou pris ; mais c'était l'unique bénéfice de ce dispositif, et de sérieux inconvénients diminuaient son importance. D'abord, le dessin général de ces retranchement rendait fort incommode le ravitaillement ; puis, chaque cuvette, délimitée qu'elle était par sa construction même, attirait sur sa garnison un concentrement facile de l'artillerie adverse et surtout, en cas d'attaque puissante, les assaillis couraient grand risque — si efficace que fut leur défense — d'être débordés, entourés et pris.

En dépit de la protection qu'elle assure, la guerre de tranchées n'est qu'un expédient : elle ne peut, en soi, mener à rien, sinon à une consumation de l'ennemi, où l'art militaire n'a rien à voir, ou si peu......

Chaque unité de l'armée japonaise a une manière de combattre, qui lui est propre ; manière est peut-être une expression trop forte : il s'agit plutôt de nuances, d'arrangements originaux, que la fraction emploie dans l'accomplissement des évolutions réglementaires d'un tout. Nous avons dit, au chapitre de l'intervention, comment cette minutie de mécanisme, cette particularité de manœuvre s'opposaient à l'utilisation profitable d'un corps de volontaires japonais formé d'éléments inévitablement disparates.

De même, l'armée, en général, a des modes de

combat qu'elle affectionne, l'attaque de nuit, **entre**
autres, à laquelle s'approprient tant de qualités
japonaises : l'esprit de décision de l'officier, le courage, la docilité et la prestesse du soldat. L'attaque
de nuit compte parmi les exercices les plus fréquents et les plus soignés du service en campagne.
Combien de fois, au Japon, ne m'est-il pas arrivé
d'être éveillé par la rumeur lointaine d'une manœuvre nocturne ; souvent je me promenais pour
essayer de distinguer la direction prise par l'opération quand, soudain, des silhouettes d'hommes
surgissaient, me frôlaient, envahissaient mon jardin et se fondaient dans le noir : c'était une attaque
de nuit qui passait.

A la guerre, l'attaque de nuit se prépare avec le
plus grand soin. Le terrain, où son action doit s'accomplir, a été, au préalable, méticuleusement repéré ; les assaillants sont assemblés sur le point le
mieux caché à l'ennemi et dirigés vers la position
où son apparition doit particulièrement épouvanter. L'attaque ne se déclanche qu'après que toutes
les sécurités sont acquises ; elle sait agir à **coup**
sûr ; son irrésistibilité est d'autant plus certaine
que chaque homme a fait auparavant le sacrifice
de sa vie. Les soldats ont été délestés de toute la
partie d'équipement pouvant les gêner ; les sections, l'une après l'autre, s'engagent dans l'ombre ;
les officiers les plus qualifiés les mènent ; elles
glissent, rampent, s'arrêtent au moindre signe de
convention, au sifflement le plus léger ; peu à **peu**
on gagne du terrain et l'on arrive tout contre **le**
but à saisir. Alors d'un seul mouvement, l'attaque

bondit, son « Banzaï ! » strident retentit maintes fois, et l'adversaire a peu de temps à se débattre contre une bande de démons.

*
* *

« Que feraient les soldats de votre pays contre les tranchées allemandes ? » me demandait-on souvent, à l'époque de la discussion sur l'intervention japonaise dans la guerre d'Europe. Je répondais : « Ils perceraient ! »

En vain m'objectait-on la puissance des moyens de guerre singulièrement accrus depuis la campagne de Mandchourie ; je répliquais, non sans raison, je crois, que le progrès de l'armement, étant le même des deux côtés, les chances s'équivalaient. En vain s'attachait-on à me décrire la terrible barricade derrière laquelle les Allemands sont, pour ainsi dire, invulnérables ; je répondais qu'en Mandchourie, avec de pauvres ressources et de faibles armes, nous avions surmonté de considérables difficultés.

Si le Japon était intervenu, il n'aurait pas voulu engager son armée dans une situation à longue échéance, susceptible de la retenir trop de temps en Europe ; il eût, sans doute, donné son effort dans une seule action énorme, comparable à Moukden, en payant le prix nécessaire. L'opinion publique, en Extrême-Orient, ne redoute pas la nécessité des batailles coûteuses, qui, en Occident, affole les responsabilités et retient les décisions. Pour les Japonais, le sacrifice de 100.000 morts

dans une bataille et percer eût certainement sem-
blé préférable à la perte de 10.000 hommes, renouvelée dans dix batailles espacées et indécises.

Il est aussi difficile aux Japonais qu'à tous les
autres critiques, de juger absolument de la guerre
actuelle qui, d'ailleurs, doit revêtir nombre d'aspects avant sa conclusion. Cependant il se dégage
déjà de la grande lutte moderne, — au moins en
ce qui regarde sa fraction occidentale — un enseignement précieux.

Quand l'un ou l'autre parti n'obtient pas immédiatement sur le territoire dégagé par la violence
de son agression, l'habileté de sa stratégie et l'ingéniosité de sa tactique, des résultats fulgurants
comme l'écrasement de l'ennemi, sa dispersion ou
sa prise en masse, il n'y a plus rien à faire, sinon
la guerre d'usure, lente, déprimante, coûteuse, et
d'aboutissement incertain. Cette possibilité de résultats effectifs immédiats, les Allemands l'eurent
après Charleroi et l'envahissement de la France ;
mais leur outrecuidance, leur infatuation, le trop
grand mépris dans lequel ils tinrent un adversaire
de belle qualité devaient provoquer la ruine de leur
chance. Semblable probabilité, un peu moins dotée
de certitudes, s'offrit aux Français, après la bataille de la Marne, mais, fatigués par l'énorme effort de leur réaction et d'ailleurs insuffisamment
pourvus de munitions et de matériel offensif, ils
ne purent en profiter.

Il nous apparaît aussi, non moins clairement,
que le groupe allemand — bien qu'économiquement il souffre de cette situation — se trouve no-

tablement avantagé au point de vue militaire par sa situation géographique. Le concentrement, que créa sa politique, s'il ne lui est pas entièrement favorable, aide du moins singulièrement à ses mouvements de troupes ; il obvie et supplée à l'appauvrissement de ses effectifs, en lui permettant le transport et le groupement rapides de nombreux bataillons, là où l'on en a besoin ; la Confédération des Empires centraux peut, alternativement suivant le cas, faire pression, avec un maximum de forces, contre les Anglo-Français ou contre les Russes ou secourir, avec le même maximum de monde, tel ou tel de ses alliés menacés, alors que les Anglo-Français, par exemple, n'ont aucune facilité d'alimenter une entreprise russe.

La cause des Impériaux tire un considérable avantage du pouvoir unique qui, sis en Berlin, régit sa politique, ses armes et son front, si développé que le fassent les circonstances, tandis que les lignes de l'Alliance, en dépit de tous accords et de toutes conférences, restent composées de fragments strictement anglais, français, italiens, etc., sans réelle communauté de vues et de décisions.

Dans le même domaine des généralités, en ce qui concerne le mérite incombant à chacun des deux adversaires les plus représentatifs du conflit — le Français et l'Allemand — nous reconnaissons, en faisant abstraction de notre complaisance d'allié, que la supériorité revient incontestablement au Français. Pour juger ainsi, il faut s'abstraire des résultats apparents et des avantages réalisés jusqu'à un certain point par l'Allemand, bien que l'occupation du territoire ennemi ne vaille que si l'on continue à être assez fort pour la maintenir. Le Français vivait d'illusions et se berçait de chimères ; quand le gigantesque voisin lui tomba dessus, de tout son poids, il était sans armes appropriées, et cependant, au plus fort de l'attaque, acculé à une artillerie vétuste et aux anciens fossés gardant sa capitale, ce fut lui qui vainquit. Il y a donc, dans cette opposition du Français à l'Allemand, la différence du génie au talent. Et sans cesse, par la suite, c'est l'esprit — c'est-à-dire le Français — qui a dominé l'Allemand — c'est-à-dire la matière. Une particulière ironie du sort exigeait cependant que celui-là, désavantagé par ses fâcheux errements, réduit à l'attente de munitions indispensables et dépourvu, par une persistante aberration humanitaire de toute faculté de représailles, laissât à celui-ci maintes facilités de perfectionner ses machines de mort, d'empoisonner davantage ses gaz, de cuirasser ses avions, que sais-je? Malgré tout, le Germain n'avança plus en Occident ; jamais il ne put percer les barrières, pourtant moins bien armées, de l'idéalisme.

En élevant l'observation assez haut pour dominer l'un et l'autre parti, nous trouvons que c'est à une même cause que doivent être attribués le malheur des Français et l'insuccès des Allemands : la négligence. Par l'effet de leur négligence d'avant-guerre, les Français, encore tout appesantis de songes pacifistes, se trouvèrent d'une heure à l'autre en face d'un ennemi infiniment plus nombreux qu'on ne croyait et possédant des armes in-

soupçonnées ; c'est vraiment par miracle qu'ils
sortirent de ses mains. Les Allemands furent négligents pendant et même après leur bronchade
initiale sur la Meuse : c'est ce qui motiva leur défaite ; ils négligèrent toute précaution envers un
ennemi qu'ils croyaient avoir assommé à Charleroi.
Cette bataille gagnée, ils galopèrent sans prendre
haleine, étirant leurs forces jusqu'à les réduire à
l'état de ruban, sans s'inquiéter d'un cisaillement
toujours possible. Parce que leur débordement
vers Nancy se trouvait suspendu, ils prétendirent
avec les mêmes troupes de Belgique et de Flandre
faire, à la fois, de trop grandes choses : dépasser
la Capitale, se la laisser à dos, étreindre les armées
françaises de l'Est entre leurs forces d'intra et
d'extra frontière, les écraser ou, à défaut, les im-
mobiliser derrière des tranchées infranchissables,
puis revenir enlever Paris, et y entrer sous les
lauriers..... Ce rêve s'en alla à l'eau de la Marne.

Il est juste de reconnaître qu'aussitôt après leur
échec les Allemands passèrent, avec une merveilleuse célérité, de l'offensive à la défensive, qu'ils reprirent instantanément leur prudence et leur pré-
voyance habituelles et qu'ils surent très vite se
rendre inexpugnables dans leurs terriers de l'Aisne.
Ce fut leur négligence qui les perdit, la négligence,
le grand mal des humains dès qu'ils ont un peu vieilli
dans les satisfactions de l'abondance et du succès !
Combien avait raison notre grand shogun Iyeyasu
quand il désignait la négligence à ses lieutenants
comme le plus redoutable des ennemis !

LA MARINE PENDANT LA GUERRE

Puisque la marine japonaise a contribué, pour sa bonne part, à la destruction des forces navales, que les Allemands entretenaient en Extrême-Orient ; puisque les Alliés, contraints d'amasser en Occident tous les vaisseaux dont ils disposaient, ont laissé au Japon ami toute initiative de surveillance et de police dans le Pacifique et dans l'Océan Indien ; puisque, grâce à ce concours, la navigation sur les mers d'Asie est restée paisible et purgée de corsaires, il est utile d'indiquer rapidement l'importance et la force actuelle de la flotte japonaise, de même que les prévisions de ses techniciens sur l'art naval de l'avenir.

Bien que sa situation d'insulaire l'obligeât, de tout temps, à entretenir des navires armés pour défendre ses côtes contre les pirates de Chine et de Malaisie, le Japon n'entrevit pas, avant sa grande évolution de 1868, la nécessité absolue de se créer une marine de guerre ? Quelques bateaux d'allure militaire avaient bien été achetés, auparavant, aux Hollandais ; on avait aussi demandé, à la France et à l'Angleterre, des ingénieurs et des marins, des officiers avaient même été envoyés en mission dans les différentes marines d'Europe, mais aucune disposition pratique, aucun effort de création n'étaient sortis de ces projets rudimentaires.

C'est seulement du séjour au Japon de l'éminent spécialiste naval, M. Bertin, que date l'essor de la marine japonaise, l'établisement de ses arsenaux et l'organisation de sa flotte.

Je profite de cette circonstance pour dire combien on a toujours su, au Japon, reconnaître chez les instructeurs français, en plus de leur mérite technique, une délicatesse de procédés, un dévouement à leur mission, un désintéressement absolu, que l'on ne trouvait pas toujours aussi parfaits chez d'autres Européens ; ceux-ci avaient à cœur de bien faire, certes, mais leur zèle n'était pas constamment désintéressé : parfois il avait pour stimulant quelque avantage politique à gagner ou une commande fructueuse à obtenir. Avec les Français, rien de semblable n'était à craindre : ils auraient plutôt donné de leurs deniers pour assurer à leur tâche un meilleur accomplissement matériel. Ils agirent d'ailleurs ainsi à maintes reprises, et nous ne l'oublierons jamais. Au temps où le nouveau Gouvernement réagissait contre l'omnipotence du shogunat, ses ressources étaient très restreintes. Il y avait alors, au service du Japon, un ingénieur français, M. Verny, chargé d'organiser la nouvelle marine. Par suite d'un changement radical du dirigeant du Japon, à la fin de la révolution, le trésor du Shogun ne voulut pas payer la main d'œuvre de l'Arsenal ; les travaux en cours risquaient d'être interrompus et l'important résultat à attendre d'un grand effort déjà dépensé pouvait être compromis. M. Verny n'hésita pas ; pendant un mois il paya de sa bourse tout ce qui fut nécessaire. L'avance ainsi faite atteignit, je crois, 88.000 francs ; on put la rembourser en temps convenable, mais on garda une grande reconnaissance au Français qui avait fait si simplement un geste si généreux.

A partir de 1883, et durant trois ans, M. Bertin assura le développement de nos arsenaux et dressa le plan de la première flotte de guerre qu'ait possédée notre pays.

Cette première marine du Japon prouva sa valeur durant la guerre avec la Chine ; on fut étonné de ce qu'elle fit dans le Yalu, et le souvenir a persisté de la fameuse charge de ses torpilleurs contre ce qui restait de l'escadre chinoise réfugiée à Weï-Haï-Weï. Le succès de sa flotte décida le Japon à prendre définitivement position sur mer. Un premier programme naval, proposé en 1896, singulièrement augmenté en 1898, s'amplifia encore dans la suite.

Depuis sa dernière guerre le Japon a construit, sans compter les unités de seconde valeur, les importants navires de combat dont voici le détail.

CUIRASSÉS

(Trois autres bâtiments, de ce type, sont en construction)

	Tonnes	Pièces	Dimensions	Noms
Superdreadnought	30.600	12	14	*Fuso.*
Dreadnought . .	21.000	12	12	*Settsu Kawachi.*
Prédreadnought .	19.000	12	10	*Aki Satsuma.*

CROISEURS CUIRASSÉS

27.000	8	14	*Kongo Hiyeï.*
......	16	6	*Haruna.*
			Kirishima.
17.000	4	12	*Kuruma. Ikoma.*
......	12	6	*Tsukuba. Ibouki.*

La qualité combattive des équipages, de même que la technique militaire des chefs de la flotte japonaise, sont de grande valeur. La marine est animée d'un enthousiasme patriotique ardent qui la prédispose à l'accomplissement des plus rudes entreprises.

* *

On ne saurait juger généralement et absolument du bâtiment de guerre, archétype de l'avenir, chaque pays devant considérer comme préférable le modèle le mieux approprié aux exigences de son offensive et de sa défensive maritimes. Ainsi l'Italie doit avoir une marine plus spécialement formée en vue de la protection de la longue étendue de ses côtes contre de multiples entreprises de l'ennemi autrichien, alors que l'Autriche, n'ayant à garder que son rivage Adriatique, doit posséder une marine bien différente.

Néanmoins, on croit, au Japon, à la nécessité du renforcement constant des proportions du cuirassé, pivot des batailles navales. Il est à prévoir, en effet, que de plus en plus on recherchera, par l'augmentation du diamètre des canons un redoublement de puissance d'attaque, par la protection de la cuirasse (résistante sous le moindre poids)

une meilleure défensive, et, par l'accroissement de
la vitesse, la possibilité de devancer l'adversaire
ou de le mieux poursuivre. Ces différentes exigences, également importantes, nécessitent un singulier développement du tonnage.

La recherche du canon, d'un calibre supérieur à
celui des canons existant, a toujours été la grande
préoccupation de notre marine ; à peine, pendant
un temps, abandonna-t-on quelque peu ce principe
pour envisager l'adoption de pièces à tir rapide
susceptibles de prendre l'avantage sur l'artillerie
lourde, de débit plus lent. On n'alla pas très loin
dans ce sens. Les marins sont vite revenus à la
nécessité d'un plus gros canon, et nous en sommes
à étudier l'aménagement sur les cuirassés de pièces
de seize pouces... L'expérience dira si le calibre
monstre est un appoint de supériorité, mais il n'est
pas douteux, qu'actuellement la tendance reste à
la fabrication de l'artillerie colossale tirant plus
vite avec l'explosif le plus puissant.

*
* *

La marine des Alliés n'a pas eu pour elle — au
début de la guerre — la faveur publique. Son rôle,
doué de peu d'effet apparent a été méjugé : la foule
ne pouvait discerner sa valeur réelle. Le commun,
au jugement très court décide d'après l'extérieur
des choses ; son critérium s'établit très sommairement d'après la silhouette des faits. On avait trop
dit, il est vrai, que les guerres maritimes futures
prêteraient à d'extraordinaires combats d'escadres

contre escadres, où les cuirassés épouvanteraient l'Océan de leurs îles mouvantes, couvertes de feu.

Or, de combats de cette sorte, il n'y en a pas eu ; d'îles mouvantes, on n'en a guère vu s'opposer les unes aux autres, sauf dans l'engagement du Jutland. La seule fois où les forces alliées combattirent, à peu près selon le dispositif que s'était forgé l'imagination populaire, ce fut lors du forcement des Dardanelles, trop longtemps différé et, d'ailleurs fort compromis, politiquement parlant, pour qu'il pût être poursuivi exclusivement sur mer, contre un ennemi amplement prévenu et sans le concours parallèle d'un débarquement. En plus, dans cette malheureuse aventure des Dardanelles, on négligea totalement l'enseignement apporté par l'expérience dans la résolution de cas semblables. S'il n'est pas bon d'attaquer, seulement avec des vaisseaux, une puissante organisation défensive des côtes, à plus forte raison, une organisation développée, surchargée de batteries et comportant des coudes redoutables comme ceux de l'Hellespont aux traîtrises multiples. Il est téméraire d'assaillir de front un ennemi prodigieusement installé, sans avoir au préalable coupé ses lignes de ravitaillement. Quand les Alliés se remémorèrent cette obligation, il était trop tard : les Turcs, bien accrochés aux emplacements de défense, gardaient solidement leurs arrières.

Lors de notre Guerre avec la Chine, à Port-Arthur comme à Weï-Haï-Weï, pendant le second Port-Arthur défendu par les Russes et aussi à

Tsin-Tao, occupé par les Allemands, nous nous étions spécialement préoccupés de détruire les communications et les voies d'approvisionnements de l'ennemi, avant de l'attaquer sur terre et sur mer : cette particularité était acquise à l'histoire de la Guerre.

Les critiques adressées à la Marine pour tumultueuses et exagérées qu'elles étaient, ne manquaient pas d'une certaine justesse. Certes, les marines alliées ont fait noblement leur devoir, mais encore faut-il distinguer dans cette expression « devoir » une *exécution* parfaite, au point de vue technique comme au point de vue bravoure, d'une *inspiration* directrice insuffisamment audacieuse et productive de grands résultats.

Les marines alliées ont trop borné leur initiative à un rôle *défensif* de surveillant de mer et de convoyeur armé, non sans intrépidité, j'y consens ; mais il y a l'intrépidité du gendarme et l'intrépidité du soldat : celle-ci vaut mieux que celle-là. Les marines alliées ont trop réservé, surtout au début des opérations, leur faculté *offensive*. Pourquoi n'avoir point recherché immédiatement , même à gros prix, des avantages d'importance ? Sans doute, une entreprise brusquée, dirigeant aux bons endroits des coups rapides et vigoureux eût désemparé l'antagoniste, et les premiers laboratoires d'œuvre sous-marine allemande eussent été écrasés dans la bagarre. Quand on connaît chez son ennemi une grande valeur d'organisation, il convient de l'étrangler au plus vite. Durant notre campagne navale, en 1904-1905, tout en serrant notre adversaire par le blocus, nous assaillions, sans répit, son front de mer et menions l'attaque contre ses ports jusqu'à détruire les bateaux qui s'y trouvaient enfermés. Sans doute, le risque était grave, mais le résultat à en attendre valait qu'on s'y exposât.

Il faut toujours en revenir à ceci : les Alliés n'ont point proportionné leurs sacrifices à l'énormité de la guerre : les bateaux qu'ils n'ont point aventurés en bloc dans des attaques audacieuses s'usent en détail, s'épuisent et trouvent leur fin dans un patrouillage perpétuellement ineffectif. Leur doctrine hésitante a causé l'éternisation du conflit et elle a laissé aux Allemands la facilité de se surarmer, De même que, sur terre, les Alliés ont répugné aux batailles coûteuses, par crainte d'une opinion publique non avertie, ils ont établi, sur mer, un blocus trop éloigné des côtes allemandes ; à travers leurs mailles distendues ont passé trop de ravitaillements destinés aux Prussiens et trop de submersibles destinés à l'Entente.

. . . .

Pourquoi, quand la guerre sous-marine est devenue très dure, ne lui avoir point trouvé de réplique appropriée ? Pourquoi n'en être pas venu alors à ce que l'Amérique prépare aujourd'hui : l'offensive pullulante de l'hydravion ? On eût pu rendre aux Allemands, par le haut, tout le mal qu'ils faisaient par le bas.

. . . .

Quoi qu'il en soit, les Alliés gardent la maîtrise

de la mer ; (il faut seulement regretter qu'ils ne la gardent point à meilleur compte) ; leur navigation assure, malgré les torpillages, ce qui importe à leurs armées et à leurs populations : effectifs et approvisionnements pris outre-Océan, continuation des échanges et poursuite de la vie économique, tandis que les Allemands demeurent inaptes à se servir de leur flotte pour rechercher, au-delà de la mer du Nord, des éléments matériels de résistance et doivent se résoudre à laisser, à l'étranger, des masses de réservistes qui ajouteraient tant à la possibilité de leurs folles ruées. Evidemment, il faut faire la part de l'inévitable que l'on a acquis et ne point se laisser impressionner par le nombre de bateaux coulés et la quantité de millions perdus de ce fait ; on doit élargir son champ de vue et supputer la perte, bien autrement considérable, que représente pour l'Allemagne l'inutilisation forcée, autant que peu glorieuse de ses escadres (1).

L'action destructive des sous-marins — dut-elle augmenter de férocité — ne changera rien à cette situation ; ce n'est pas quand un peu plus de bateaux marchands périraient, que les Alliés viendraient à résipiscence.

Pour ce qui est des batailles navales que d'aucuns prévoient encore, il ne semble pas qu'elles

(1) L'entrée en guerre du Portugal, des Etats-Unis, des Philippines, de Cuba et de différentes républiques américaines, provoquant, du jour au lendemain, la capture des nombreux navires allemands — transatlantiques y compris — qui se trouvaient dans leurs ports, a singulièrement renforcé l'importance de ce raisonnement.

soient probables. Les Allemands, trop peu pourvus de cuirassés, répugneront à soutenir le combat décisif, où ils n'auraient de supériorité ni en matériel, ni en personnel. Il faudrait que quelque fraction des escadres qui les guettent s'offrît par hasard à leurs coups, ou bien que le désespoir les emportât : deux alternatives également aléatoires.

Les Allemands conserveront, s'ils le peuvent, leur marine militaire comme atout. S'ils venaient, ayant perdu leurs bateaux, aux conférences pour la paix, ils seraient, de ce fait, très amoindris et plus incapables d'obtenir des compensations de détail, qu'ils arracheraient, peut-être, si leurs navires restaient armés. C'est pourquoi, à moins que quelque folie ne les entraîne, ils garderont leurs escadres au plus profond des anses où elles se cachent depuis 1914.

Jusqu'à présent, la partie navale de la guerre en cours semble donner raison à la prévision japonaise, qui attribue l'avantage à celui des adversaires disposant du plus fort tonnage en vaisseaux les mieux cuirassés, marchant le plus vite et pourvus d'une artillerie de calibre supérieur usant d'explosifs plus puissants. Les sous-marins ne sont encore que des engins d'embuscade et de surprise ; pour devenir d'appréciables participants aux batailles de l'avenir, leur vitesse devra dépasser celle des contre-torpilleurs, en surface, et être égale, sous l'eau, à celle des cuirassés. Ce n'est pas prochainement que ces nécessités se réaliseront.

LES RACES DE COULEUR
ET LA GUERRE EUROPÉENNE

Ça n'a pas été l'une des choses les moins extraordinaires de la grande guerre, si abondante en surprises, que l'afflux de maints peuples d'Outre-Mer dans l'action vengeresse des Alliés contre l'Allemagne ; que l'appoint des Indiens, des Canadiens, des Australiens et des Néo-Zélandais, s'ajoutant aux bataillons de la Métropole britannique, comme celui des Arabes et des Africains se joignânt à l'effort des troupes françaises, tandis qu'à l'autre bout du Monde, le Japon, associé à l'action justicière du droit, ruinait, en quelques coups de canon, les embryons de puissance prussienne, dans les mers d'Asie et aux portes de la Chine.

De cette mêlée un peu inattendue, méritoire et tout de même étrange, se dégagent nombre de considérations importantes, qui méritent d'être sinon approfondies, du moins envisagées ici.

*
* *

L'Allemagne a fort maudit l'emploi de troupes hétéroclites par les Alliés ; ce fut pour elle un étonnement ; elle ne l'avait pas prévu aussi considérable : de là, sa rage, l'indignation, le mépris dont elle l'a couvert.

Hypocrite dans cette circonstance comme dans tant d'autres, elle a réprouvé, comme un abominable péché contre la civilisation, le déchaînement des gens de couleur en Europe ; son anathème s'est même accru d'un avis donné aux intéressés des maux, qu'immanquablement leur causeraient plus tard ces auxiliaires inavouables qui, ayant compris que le demi-dieu blanc pouvait parfois faiblir jusqu'à se faire battre, ne manqueraient pas d'abuser de cette constatation et d'en arriver quelque jour à un formidable assaut de l'Occident.

L'Allemagne ne comprenait, ou feignait de ne pas démêler, ce qu'il y avait de loyauté généreuse dans l'aide stigmatisée par elle. Elle faussait sciemment certaine position du fait. La puissance des Germains tendant, de leur propre aveu, non seulement à la domination des pays d'Europe, mais encore à celle du monde entier, tout peuple, toute fraction de peuple de l'Univers menacé se trouvait fondé à se revancher. Une déclaration de la *Gazette de Woss*, d'août 1915, qui résumait fort explicitement la détermination oppressive de l'Allemagne, légitimait n'importe quel genre de résistance. « Comme nous sommes le Peuple suprême, déclarait modestement la *Gazette*, notre devoir est désormais de conduire la marche de l'humanité ; ce serait donc une faute contre notre mission de ménager les peuples qui nous sont inférieurs. »

N'est-ce pas un droit, et même le plus sacré des

devoirs des peuples, dits inférieurs, de s'opposer à la réalisation d'un pareil programme ? Et puis, **ces** indigènes, ces îlotes calomniés eurent-ils jamais dans leur armement les procédés empoisonneurs et lâches utilisés par les surhommes ? Ce ne sera pas l'un des aspects les moins curieux du châtiment de l'Allemagne d'avoir été battue par de supposés sauvages, alors qu'elle, la très pure, la supra-civilisée — en apparence — la très hypocrite et très criminelle — en réalité — utilisait à la Guerre les moyens les plus misérables, les plus cruels et les plus déshonorants.

C'est une manie particulière à l'Allemagne **de** se présenter à l'encontre de ce qu'elle est ; ce sont toujours les autres qui pêchent ; elle manque de cynisme, cette presque bravoure de l'assassin ; hideusement, elle massacre et, avec des larmes de lâche, elle incrimine le massacré ; l'abomination est partout, hormis chez elle : quand elle l'évoque, il faut toujours se méfier de mauvais coups de **sa** part.

L'Allemagne, qui reproche si violemment aux Alliés la mise en ligne des guerriers de leurs Colonies, s'est-elle gênée pour embrigader les Turcs, qui ne lui étaient rien, prenant ainsi à gage un spadassin, que, d'ailleurs, elle traite fort mal. L'Allemagne, si raffinée, n'utilise-t-elle pas l'aide de tous les Turcs : ceux d'Anatolie, du Hedjaz et du Yemen — de réputation également détestable — celle des Kurdes sauvages et des Tcherkesses ? Peut-on reprocher aux contingents indigènes des Alliés quelques forfaits comparables aux derniers égorgements des Arméniens innocents ? Aurait-elle hésité à enrôler des assistants, meilleurs assassins que les Ottomans, si elle avait pu en trouver ? mais ses Basutos, eux-mêmes, dégoûtés d'elle, se sont dérobés au déshonneur de la servir.

Du côté des Alliés, l'emploi fait par les Métropoles dans leur conflit avec l'Allemagne, de tant de gens de couleur : Indiens, Sikhs du Pendjab, Gourkas, Peaux-Rouges, Canadiens, Australiens, Néo-Zélandais, et tant d'autres servant le drapeau anglais ; Algériens, Tunisiens, Marocains, Congolais, Sénégalais, Soudanais, Dahoméens et divers coloniaux rangés sous les couleurs de France, l'emploi de ces auxiliaires, dis-je, et l'élan superbe de ceux-ci suscitent nombre de remarques importantes, surtout celle-ci : le loyalisme, le dévouement, le sang prodigués par ces hommes ne feront-ils pas que leur sort sera amélioré dans la suite ? que la Mère Patrie les traitera mieux et les considérera, non plus comme des sujets adoptés, mais comme de vrais fils, auxquels des égards, des prérogatives et de l'affection sont dus ?

Je crois que cette éventualité se réalisera. J'en ai trouvé, sinon la promesse, du moins l'indication dans un intéressant article de journal parisien, du mois de mars 1915, signé de M. Raymond de Nys, où se résumaient les principaux éléments de cette importante affaire et les chances qu'on devait voir à son heureuse solution : « L'effroyable crise que nous traversons, disait l'écrivain, n'aura pas simplement rapproché, devant la grandeur du péril, toutes les catégories sociales. Elle aura une

conséquence, dont la valeur humaine sera bientôt
évidente ; elle aura aboli, ou, tout au moins, con-
sidérablement diminué, les préjugés et les anti-
pathies de races. C'est par l'extension des rapports d'amitié entre les hommes, a-t-on écrit, que
l'histoire pourra se développer dans l'ordre naturel
des choses où se trouve la justice, suivant le jeu
des choses où se trouve la Liberté, et sauvegarder
ainsi l'avenir de la Famille humaine ? Nous espé-
rons que la régression momentanée à laquelle nous
a réduit la barbarie teutonne sera le prélude d'une
étape nouvelle de progrès d'où doit sortir une
humanité plus fraternellement sociale. Hindous,
Africains combattent en Europe à côté des Français et des Anglais, tandis qu'à l'opposé du globe,
les Japonais luttent contre notre commun ennemi.
Les périls et les douleurs partagés du champ de
bataille, l'horreur de la destruction sauvage, qui
menace également les amis de races diverses, tout
cela engendre une solide confiance et une grande
estime mutuelles. Tout s'oublie : on ne pense plus,
alors, qu'à se serrer les uns auprès des autres. Né
sur les champs de carnage, l'esprit de camaraderie
est ancré au plus profond des cœurs. Il vivra ; il
n'est pas possible qu'il meure. »

« Qu'est-ce d'ailleurs que le préjugé qui sépare
les races? Ce n'est, le plus souvent, que la connaissance imparfaite ou fausse qu'une race a des
autres. Par malheur, comme ces préjugés sont
généralement héréditaires et irraisonnés, ils sont
à peu près indéracinables. Ainsi, entre les peuples
occidentaux, d'une part, et les races asiatiques,

par exemple, ils sont inséparables de la prétention, qui anime chacun des intéressés, que sa civilisation est la meilleure ; et cela fait qu'il est extrêmement difficile de les réduire. »

Ce n'est peut-être pas si difficile.

La civilisation occidentale est fort admirable,
mais celle d'Orient a bien son mérite, en dehors
de son ancienneté. Il existe entre elles des dif-
férences si grandes qu'on peut les considérer
comme des oppositions. De là à prétendre que
l'une est bonne et l'autre est détestable il n'y a
qu'un pas. Mais, pour peu que l'on y réfléchisse, il
s'établit un équitable arrangement de ce contraste.
Peut-on en vouloir à deux peintres de ne pas voir
de la même façon ? L'un sera-t-il moins grand ar-
tiste, parce qu'il aura une conception différente de
celle de l'autre ? Si l'on considère l'éloignement
entre l'Orient et l'Occident, si l'on tient compte de
l'esprit général de chacun, différemment formé depuis des siècles, si l'on admet la non-conformité
d'objectifs créés par des traditions, des habitudes,
des besoins, des nécessités de vie tenant aux lieux
et aux climats, ce ne sont plus deux contraires
qui s'opposent, mais deux parallèles qui se des-
sinent. La différence des deux civilisations est une
différence de caractère et non de degré.

L'Occident progresse extérieurement et l'Orient
intérieurement.

L'Occidental recherche le progrès dans l'assujettissement, de plus en plus poussé, des choses
et des circonstances à lui-même, alors que l'Orien-
tal s'efforce de régler sa raison d'après l'évolution

et l'ordonnance de ces choses et de ces circonstances. Contre le froid, par exemple, l'un chauffe
sa chambre, et l'autre s'habille chaudement.

La civilisation occidentale, étant donné son but,
s'améliore plutôt matériellement, alors que l'orien-
tale se perfectionne moralement ; elles ne me
semblent pas inégales, parce qu'elles obéissent à
deux inspirations différentes, et je ne vois pas en
quoi l'une peut être inférieure à l'autre. L'Orient,
en tout cas, ne trouve pas que la manière européenne soit de valeur moindre que la sienne.
M. de Nys est de cet avis, tout en préférant sa
civilisation.

« Nous ne prétendons pas, dit-il, donner tort
aux hommes d'Europe ; il est trop évident que leur
civilisation est la plus haute, et l'exception allemande n'est que la confirmation de cette règle.
Mais, en raison même de leur supériorité, il appartient aux nations occidentales de donner l'exemple,
et, par le moyen de l'auto-persuasion, de ruiner à
jamais des préjugés regrettables, d'ailleurs ineptes.
Ce serait moins difficile, bien entendu, si ce n'é-
taient pas ceux qui, dans ces Nations, ont le moins
de pouvoir sur eux-mêmes, qui précisément sont
animés de cet esprit de caste. Mais la difficulté de
cette victoire à remporter sur nous-mêmes trouve
en soi sa noblesse et sa grandeur. »

Une révolution, si terrible soit-elle, dans son
ensemble, a toujours des résultats bienfaisants. Il
est souhaitable que la grande Guerre, dont l'un des
plus curieux effets aura été, comme je le dis en
commençant, de mêler intimement d'importantes

fractions de peuples d'Occident et d'Orient, assure une profitable pénétration de ces divers éléments d'humanité, les fasse se connaître et se comprendre, les porte à se prêter l'un à l'autre ce qu'il y a de meilleur dans leur règle de vie, aide à leur évolution dans plus de mansuétude et de sagesse. La souffrance fait les esprits plus faciles et les cœurs plus généreux. C'est souvent l'œuvre des grands deuils de réunir fortuitement, pour les unir à jamais, les membres opposés d'une même famille.

Il me semble que ce soit bien là ce qui se passera demain.

« Le problème n'est pas insoluble, écrit M. de Nys. A mesure qu'augmenteront les facilités de pénétration et de communication entre les races, celles-ci cesseront peu à peu de se méconnaître et par cela même elles se fortifieront. Car c'est une faiblesse que de se refuser de reconnaître les qualités d'autrui.

« La Guerre ainsi jette un nouveau rayon d'espoir sur cette question délicate. Peut-être les prochaines années verront-elles la fin de l'ostracisme qui frappait certains hommes de couleur : l'Indien sera peut-être un jour admis à Vancouver ; le coolie, à Melbourne et à Sydney. »

Déjà a été discuté le devoir, qu'aurait la Grande-Bretagne, d'associer davantage aux délibérations des conseils du Gouvernement Général de l'Empire, les Ministres du Dominion et les représentants supérieurs de toutes les autres Colonies qui ont, de si bon cœur, contribué à combattre l'ennemi allemand.

La France, de son côté, ne manquera pas de donner plus de droits et d'accorder plus d'avantages à ses protégés d'Outre-Mer, qui accomplirent si magnifiquement leurs devoirs envers elle. Ce sera un très beau fait humain que la générosité des Métropoles favorisant, dans plus de liberté et plus de bien-être, l'évolution des peuples autrefois conquis et désormais acquis.

Concluons avec M. de Nys : « Notre espoir d'une famille élargie serait plus grand encore si les populations, qui souffrent de préjugés de race, ne négligeaient aucun effort pour s'élever à un plus haut degré de civilisation et pour se tenir prêtes à saisir toutes les occasions de profiter du revirement psychologique qu'elles désirent. »

DE L'INTÉRÊT ET DE L'UTILITÉ
D'UN ACCORD FRANCO-JAPONAIS

Qu'on ne voie pas dans cette proposition inattendue — quoique venant en temps propice — l'emballement maniaque, prompt et inconsidéré d'un Japonais, à la fois orgueilleux de son pays et épris de la France, où il vit depuis dix ans. L'utilité de cet accord est essentiel à mes yeux : je voudrais pouvoir le faire entendre.

En France, malgré de considérables évolutions amenées par le progrès dans toutes choses, mais en particulier dans l'ordre économique, on persiste dans le mépris de ce sage enseignement de Voltaire : « La géographie est une science qu'il faudra toujours perfectionner », et l'on s'en tient trop, sans prendre garde aux événements qui changent le monde, au « Comment peut-on être Persan ? » de Montesquieu. Les extrémités de l'exotisme restent ignorées ; il ne vient pas à l'esprit qu'elles puissent jamais gagner une importance susceptible de leur donner un rôle dans l'arrangement politique international.

Sans qu'on en soit encore à sourire du Japon, comme on le faisait chez le regretté peintre Félix Régamey, le plus agissant des premiers japonophiles, quand il prédisait, en 1904, la défaite de la Russie, on ne sent peut-être pas assez l'intérêt d'un étroit accord de la France avec le peuple nippon.

Nombreuses sont les raisons qui mettent en lumière la nécessité de l'alliance ou, si le terme est trop fort, de l'amitié franco-japonaise : raisons de sentiment, raisons politiques, raisons d'ordre intellectuel et d'ordre économique.

Au point de vue sentiment, il y a lieu d'observer qu'à d'éfaut de similitude de mentalités évidemment différentes, à cause d'un éloignement extrême et de coutumes inhérentes à des latitudes diverses, les Japonais et les Français ont, dans leur caractère, des qualités semblables, propres aux peuples nobles : même générosité instinctive, même loyauté, même cœur, même vaillance, même folle bravoure.

La sympathie de nation à nation, basée sur une ressemblance du fond, date de loin. C'est en France que le Japon a pris beaucoup de sa formation première ; c'est en France qu'il envoyait s'instruire ses étudiants et se perfectionner ses professeurs, jusqu'au moment où l'on se mit à croire, presque universellement, que, dans l'espèce réaliste, tout au moins, la méthode allemande prenait une forte supériorité sur le laissez-aller français.

La guerre russo-japonaise, durant laquelle le Français, fidèle à l'esprit de ses engagements, tint manifestement pour la Russie, n'apporta point de troubles sérieux dans les relations des deux peuples, que d'heureuses circonstances et de dévoués missionnaires devaient complètement rapprocher.

Mais puisque dans notre siècle l'on fait peu de cas des questions de sentiment, il convient d'envisager la portée politique qu'aurait l'accord. Précisément, parce que son développem ent s'amplifie et que ses conséquences prennent de plus en plus d'envergure, il est à craindre que la guerre actuelle ne solutionne pas tous les conflits ouverts ; elle sera comme une blessure, dont les complications dépassent la gravité du mal originel. L'équilibre mondial est par trop désemparé : son rétablissement définitif nécessitera d'autres chocs et causera d'autres batailles. Les alliances — procédé momentané, en leur principe — prendront de l'importance, parce qu'elles seront indispensables à ceux des belligérants qui auront particulièrement souffert et perdu beaucoup de soldats. La France, hélas ! sera de ceux-là.

Il est à redouter qu'une fois les démêlés d'Europe terminés, la guerre ne se fasse, peu de temps après, en Asie et pour l'Asie. Le continent africain est virtuellement partagé ; son morcellement matériel ne peut plus guère soulever de surprises ou de discussions. Il en est autrement de l'Asie surabondant de ressources, surtout quand se sera produit l'écroulement des Ottomans et de leur domination ; elle se présentera en deux parts, également pleines d'attraits : l'une toute neuve — celle qui inspira aux Allemands l'énorme entreprise de Bagdad — et l'autre, la Chine, non moins fascinatrice sous ses vieux fards.

Il n'est point douteux qu'une initiative puissante et hors de laquelle rien ne se déciderait, appartiendrait à une coalition groupant entre autres forces celles de la France et du Japon. L'influence de ce bloc ne s'exercerait évidemment pas que dans le cas asiatique, mieux disposé pour son action ; son poids pèserait fortement dans les solutions à trouver à tous les autres problèmes de l'équilibre européen ou mondial.

Dans le domaine intellectuel du Japon, et plus particulièrement en ce qui touche la formation de ses étudiants, la France remplacerait, avec combien d'avantages ! l'Allemagne, qui s'était imposée, à nous comme à bien d'autres, sous les apparences suggestives de la force, de la puissance pratique, et toute chargée des panaches d'incontestables succès.

Si substantielle et profitable qu'elle fut, la méthode allemande avait l'inconvénient d'une atmosphère désagréable ; au pays de la Kultur, nos élèves éprouvaient, comme tout le monde, une gêne agaçante à se heurter constamment à de la morgue, à du dédain, à du gigantesque laid, à de la grossièreté bruyante, sans compter, parfois, des agissements malhonnêtes dans le goût de celui-ci, qui me fut conté par l'intéressé lui-même.

C'était un jeune étudiant, qui avait pris pension dans une assez bonne famille, croyait-il. Après trois ans de résidence en Allemagne — durée la plus ordinaire de nos séjours hors de chez nous — il prenait ses dispositions en vue de son retour. Sur le montant du chèque qui lui était parvenu

pour solder ses frais de voyage, il avait, de suite,
prélevé et payé d'avance, à ses hôtes, le prix de
deux derniers mois d'entretien, puis il s'était mis
en quête des multiples cadeaux dont se chargent,
pour leurs amis et leurs parents, les Japonais
quittant l'Europe. Ses bagages augmentaient
chaque jour et ses logeurs semblaient prendre un
grand intérêt à ce détail. Quel ne fut pas l'étonnement de mon compatriote, certain matin précédant de peu son embarquement, de se trouver
face à face avec un huissier qui, à la requête du
loueur, venait opérer une saisie de tout ce qu'il
possédait, bagages compris. Sacrifier son billet
déjà pris et rester pour revendiquer son bien, tel
fut d'abord l'idée du volé ; mais à cause du retard
que lui aurait causé cette affaire, il préféra partir,
laissant à un camarade le soin d'éclaircir l'aventure et de lui faire rendre justice. Justice ne fut
point rendue : les hôtes de l'étudiant s'étaient fait
donner, sans que celui-ci n'y entendît rien, je ne
sais quel effet de complaisance, dont l'échéance
coïncidait exactement avec le moment du départ.
La combinaison était tellement bien agencée qu'on
ne put la dénouer au profit de l'exploité et que ses
bagages furent perdus.

Quand il arrivait aux pensionnaires d'Allemagne
de passer quelque temps en France, avant leur
embarquement, leur satisfaction était extrême ; ils
se sentaient dans ce pays comme chez eux et immanquablement on les entendait dire qu'il était
bien étonnant que la France si douce, ne fût pas
appelée à enseigner les étudiants japonais. C'é-

tait là une impression spontanée qui se modifiait,
un peu chez les jeunes gens, beaucoup chez les
professeurs, personnages universitaires et autres
fonctionnaires, quand ils traversaient ceux des
décors de Paris qui témoignent de frivolité et de
· icence. Leur opinion, dépourvue d'éléments de ren-
·seignement et de contrôle, restait impressionnée
par des apparences fâcheuses, et l'Allemagne profitait du contraste.

Mais l'Allemagne disparue ou, en tout cas, devenue impossible, il faudra bien aviser à la rem-
placer. L'Angleterre, peut-être, mais surtout la
France sont désignées pour un rôle éducateur.
En France, le superficiel de douteux aloi, qui impressionnait défavorablement le passant, aura
disparu ; il serait souhaitable qu'il n'en subsistât
aucune apparence et qu'à la didactique si claire,
si élevée, si raffinée des Universités françaises,
vint s'adjoindre — c'était là un des gros avantages
de l'Allemagne — l'enseignement appliqué, utili-
taire, aussi développé que possible dans des Ins-
tituts spéciaux.

Il semble bien que l'ambiance d'un pays ne soit
pas indifférente à la santé d'esprit des pensionnaires qui lui sont envoyés et qu'elle peut complètement gagner ceux-ci. En Angleterre, en
France, il y a des Japonais qui sont foncièrement
acclimatés, jusqu'à ne plus désirer retourner chez
eux ; ils sont devenus Anglais ou Français de
·cœur. Je me souviens de la stupeur et de l'indignation patriotique d'un officier de chez nous, à
entendre, dans un banquet, à Londres, un notable

14

Japonais — s'exprimant pourtant dans sa langue maternelle — nommer l'Angleterre comme si elle était sa patrie.

Mieux que les avantages de tout autre pays, le ciel, l'air, les charmes de la France retiennent l'étranger. Il est désirable qu'une initiative de Gouvernement soit prise, afin d'attirer vers les grands centres universitaires français, les étudiants nippons ; mais il faudrait des Facultés mieux organisées, plus disciplinées, pour inspirer confiance aux parents japonais (1). Ce serait préparer pour l'Extrême-Orient ces précieux adeptes, ces disciples dévoués, dont l'Allemagne eut tant à se louer ; ces auxiliaires seraient d'autant plus chaleureux, que, pénétrés par la grâce française, ils soutiendraient leur pays d'éducation de tout leur cœur, au lieu de le vanter par politesse et par obligation, comme on le faisait pour l'Allemagne. Je suis convaincu qu'une démarche en ce sens, tentée auprès de nos autorités, rencontrerait le meilleur accueil, la plus parfaite bonne volonté, car la réputation de la France a bien changé : son re· nom a grandi dans le monde. D'autre part, je crois que nos Etudiants plairaient : ce sont tous des sujets d'élite, choisis avec soin, bien éduqués, extrêmement polis, sobres, se contentant de peu de chose.

(1) J'y insiste, il conviendrait qu'il y eût dans ces centres moins de tenue douteuse, moins d'occasions de plaisirs faciles, moins de licence apparente. On ne sait pas encore, au Japon, que le libertinage de Berlin était beaucoup plus grand et infiniment plus grossier que celui de Paris. Le dévergondage parisien est une de ces légendes d'ancienne date qui sont extrêmement difficiles à détruire.

*
* *

Dans l'ordre économique, la France trouverait au Japon, devenue son ami, mille avantages ; il n'y aurait aucune difficulté à ce que son commerce, s'inspirant des facilités de négoce mises en habitude par l'Allemagne, remplaçât tout-à-fait l'exportation de celle-ci ; de son côté, l'importation japonaise perfectionnerait de son mieux ses rapports avec la France.

Mais c'est surtout dans l'Industrie et dans la Finance que la France recueillerait au Japon de grands profits. Le Japon est un pays honnête, sérieux, travailleur ; un large et merveilleux terrain est promis à son expansion ; sa fortune n'est point douteuse : elle est garantie par une forte armée que la guerre n'a pas atteinte. La finance française, une fois relevée, n'aura plus guère — à part ses obligations d'alliance — à s'employer dans l'Europe devenue pauvre pour longtemps ; peut-être éprouvera-t-elle de l'appréhension à s'abandonner à des aventures hasardeuses, comme celles du Sud-Africain ou de tant de Républiques Sud-Américaines aux destinées éphémères ; elle aurait intérêt à étudier ce que le Japon tient et offre de ressources.

Les Français et les Japonais devraient faire un effort pour mieux se connaître ; je suis convaincu qu'une sympathie naturelle les aurait vite réunis et que de multiples entreprises, venant d'un accord franco-japonais, sortiraient toutes sortes de profits.

Je prends plaisir à terminer sur un trait encourageant, qui démontrera qu'au Japon, en dépit de la sotte réputation faite à la France sur un extérieur trompeur et d'injustes présomptions, de très hautes personnalités aiment cette nation et estiment sa valeur. Peu de temps avant la guerre, un jeune capitaine, qui venait d'être désigné pour une mission à Paris, alla prendre congé du général Uyehara, promu par la suite Chef d'Etat-Major Général, (c'est-à-dire à la plus haute fonction militaire du Japon). Comme le jeune officier s'informait des pays qu'il aurait intérêt à visiter, selon l'usage, pendant sa mission, le général lui dit « N'essayez point de voir trop de pays ; bornez votre étude à la France, ce sera très bien. » L'officier suivit ponctuellement ce conseil et s'en trouva bien, en effet.

Le général Uyehara a, autrefois, résidé en France ; il vécut dans les milieux militaires français et s'y créa de cordiales et durables amitiés ; en dépit des années passées, après les enseignements et les expériences d'une heureuse carrière, il a nettement conservé sa prédilection pour la France, pour cette Nation qu'il étudia et apprécia jadis.

LA PAIX

Après cette guerre, pourra-t-on tuer la guerre, — détestable sauvagerie? Ce sera difficile. Il faudrait, pour que la guerre eût moins raison de se reproduire, une stabilisation aussi parfaite que possible du progrès humain, c'est-à-dire qu'il ne se trouvât plus, en même temps, de peuples à l'apogée de leur développement et d'autres au commencement de leur expansion, plus d'appétits satisfaits en opposition avec des appétits à satisfaire, plus d'antagonisme entre riches et pauvres. Autant dire l'âge d'or.... et nous en sommes loin. Tant que le progrès se fera surtout dans l'ordre matériel, pour l'obtention de plus de confort général, il y aura inimitié entre les adroits et les inhabiles, entre les chanceux et les défavorisés : donc la guerre restera inévitable. Dans la Société, il y a des gendarmes qui suffisent à la protection des fortunés contre les entreprises des faméliques, mais il n'est pas dans l'Univers de police proéminente capable d'empêcher un peuple vigoureux, puissant militairement et cantonné sur un étroit territoire, d'envahir une nation voisine, plus riche que lui, mais moins armée. Les hommes augmentent en nombre et la superficie du globe demeurant la même, il y aura lutte pour l'occupa-

tion des meilleures terres. On ne supprime pas
l'impossible ; tout au plus peut-on diminuer ses
conséquences. L'incendie est inévitable ; tout ce
qu'on peut faire, c'est trouver de plus efficaces
moyens préventifs et effectifs à son endroit. Le
pouvoir de la future conférence réformatrice du
monde ne dépassera point cette capacité. Ce qu'on
peut espérer de mieux, c'est la constitution d'un
bloc, à la fois assez fort et assez homogène, pour
s'opposer aux politiques publiquement attenta-
toires à la paix. J'habite depuis longtemps la France :
c'est pourquoi je suis devenu francophile ; si j'eusse
résidé en Allemagne, peut-être aurais-je été germanophile, mais je n'aurais jamais approuvé la
croisade agressive que l'on faisait en ce pays.

H.-G. Wells pacifiste n'a point tort quand,
parmi les mesures à prendre pour tuer la guerre,
il prévoit la suppression des diplomaties. La Diplomatie était estimable quand elle était vraiment
et pratiquement l'instrument de la politique nationale d'un peuple ; c'est ainsi que, par exemple,
la diplomatie d'un Henri IV et d'un Richelieu,
ayant pour but la sauvegarde de la France et sa
protection sous de solides barrières, ne peut
qu'être louée, mais dès l'époque qui suivit celle
où s'exerçait ces génies raisonnables, la diplomatie
se corrompit partout : ses influences se mirent
tour à tour au service des souverains et de leurs
préoccupations familiales (1), à la disposition de

(1) Les agissements du roi Constantin, de la reine Sophie
et de leurs familles peuvent être donnés comme exemple de
cette assertion.

partis ou de personnalités ; elle ne fut plus que l'expression de spéculations professionnelles, quand elle ne tomba pas aux doigts de dilettanti qui les utilisèrent selon le jeu de leurs ambitions ou de leurs idées propres. Le marquis Okuma, notre ancien Premier, soutenait dernièrement dans l'*Information d'Extrême-Orient* une thèse qui ne se séparait guère de l'opinion de Wells, touchant la suppression des diplomaties, si elles n'arrivent à descendre de leur ciel à part et à risquer leurs habits dorés dans le réalisme où se tient l'intérêt des peuples. L'éminent homme d'État formait ce vœu que si la guerre revenait, un jour, dans le lointain des siècles, elle ne devrait résulter que de conflits entre nations et non plus de combinaisons stipendiées ou de tactiques de Cabinets.

*
* *

Il semble bien que le sort de l'Alsace-Lorraine soit une des plus passionnantes conditions de la paix à conclure, donc elle vaut bien un paragraphe en ce chapitre.

Sur cette question qui devrait lui tenir à cœur, la France — une certaine opinion française, tout au moins — montre une opinion légèrement ondoyante et comme craintive. On a vu des hommes publics emprunter, pour traiter de la revendication des terres martyres, ce terme pharisaïque *désannexion* trouvé, chose étrange, par un Ministre belge qui, s'il avait songé à sa patrie, malheureuse comme l'Alsace, se serait peut-être laissé à dire *restitution :* Chez nous, l'importance du problème alsacien dans la politique européenne n'est pas connue. Nous sommes trop loin. Moi-même, je l'ignorais, autant dire, avant le voyage qu'il me fut donné de faire dans la région de Than. J'ai causé là avec les intéressés ; j'ai mesuré leur anxiété ; j'ai entendu leurs préoccupations, leurs souhaits d'une paix qui les rende vite à la France. L'émotion que me donnèrent ces gens fut si forte que, dès mon retour à Paris, j'écrivis pour les journaux japonais un long article qui aura mis, je pense, notre public au fait de la valeur de cet élément dans la guerre. Le Japon, à la vieille réputation chevaleresque, devra soutenir parmi les Alliés l'exaucement du vœu des Alsaciens touchant leur retour à la France.

Le droit historique qu'a l'Alsace à être française n'est plus à démontrer ; et puis doit-on s'embarrasser de procédures et d'arguties pour aviser au salut d'un peuple manifestement opprimé depuis quarante ans et plus.

En dehors de toutes ces considérations, il est hors de doute qu'il serait louable et raisonnable, à la fois, de remettre la France — dont le calme désintéressement et le vouloir de paix sont certains — en possession de son Alsace, de sa Lorraine et de la faire, aussi, gardienne de la rive gauche du Rhin qui ne doit plus être jamais une barrière allemande.

L'Allemagne, bien entendu, se cramponnera à ces proies d'élection, aussi chères à son orgueil qu'à son avidité, elle mettra ses dernières forces,

mais en vain, à empêcher l'accomplissement de
ces justes desseins qui constituent l'une des meilleures mesures à prendre contre la revenue des
barbares.

*
* *

La paix, la vraie paix ne se peut envisager sans
la suppression de l'Allemagne armée. Si l'Allemagne vient aux conférences tenues pour la paci-
fication du monde, ce ne peut être que jusqu'au
greffe, pour y être fouillée et mise hors d'état de
nuire désormais ; encore ne pourrait-elle être ad-
mise dans les vestibules de la Paix que séparée de
son ex-empereur, déféré, lui, avec ses complices et
séides aux Assises internationales de guerre. Si
l'Allemagne éprouvait quelque difficulté à quitter
ses anciens maîtres, les Alliés devraient, avant
toute chose, obvier à cet inconvénient. Le meilleur
moyen de détruire le militarisme sera de supprimer ses professionnels : les guerroyeurs. Le plus
illustre de nos shoguns, Tokugawa, ne fit pas
autrement quand, après avoir conquis le Japon à
sa sage autorité, il entendit lui conserver la quiétude. Dès qu'il eut installé son gouvernement à
Yedo, il obligea les seigneurs féodaux, dont il savait n'avoir point vaincu les instincts belliqueux,
à venir résider une année sur deux auprès de son
château ; de plus, les familles de ces inflexibles
devaient habiter constamment au siège du shogunat : on les considérait comme des otages. Grâce
à cette précaution, le Japon et les Tokugawa demeurèrent tranquilles durant trois cents années.

On devrait rechercher quelque équivalence à cet habile procédé.

Résumons-nous. Pour avoir la paix — la vraie — il ne faut rien envisager des démarches allemandes issues, à chaque instant, des pires lieux, dont les conditions, quand elles ne sont point insupportables, sont trompeuses : certes, la continuation de la lutte est pénible et coûteuse ; un quatrième enfouissement dans les tranchées peut répugner aux soldats, mais, pour décider de l'avenir, il faut armer sa patience de la leçon des morts qui, sur la terre ravagée des batailles comme dans la mélancolie des hôpitaux ont expiré avec cette même hantise : continuer. L'Alliance doit méconnaître toutes manigances pour traiter, d'où qu'elles viennent. L'actuelle fréquence et la variété de sollicitations de l'ennemi témoignent de son désir d'en finir à son moindre désavantage ; il exige encore beaucoup, tout en souhaitant fort, à part lui, d'obtenir peu. L'Allemand en est là ; patience, donc.

CONCLUSION

LENDEMAINS DE GUERRE
L'AVENIR DE LA FRANCE

En vertu des événements, selon la logique et la justice, la France devrait pouvoir prendre dans le monde, après la guerre, un grand rôle et une belle mission. Ayant été, de toutes les nations engagées dans la lutte, la plus représentative de la résistance aux Barbares ; ayant infiniment souffert dans ses enfants, dans sa terre, dans sa fortune et dans son domaine artistique ; ses soldats l'ayant revêtue des plus merveilleuses tuniques d'héroïsme, elle devrait pouvoir être amenée à sa fonction traditionnelle d'inspiratrice des peuples ; elle devrait pouvoir être devant eux — non point orgueilleuse comme l'était l'Allemagne dans sa volonté d'assujettir, d'opprimer, d'abuser de tous et de tout — mais pour alléger les afflictions, pour consoler, par son exemple et par ses accents, les douleurs amères, pour faire se relever les visages et se rouvrir les yeux, pour rendre l'humanité confiante en un avenir réparateur où se refera une civilisation désireuse de quiétude et de paix.

L'essentiel est de savoir si la France, désignée

pour cette mission, pourra la remplir, et si elle s'est totalement affranchie de ses errements d'avant-guerre. S'est-il créé sur la ligne de bataille un esprit assez fort pour déjouer l'adresse des abuseurs de l'arrière? N'est-ce point, comme le disait un ministre français — dans une importante réunion tenue à Bordeaux en 1914 — n'est-ce point ceux qui se sont battus qui, après la guerre, feront la loi et la vie de la France nouvelle? Il y a, hélas! l'habitude...... Plus généralement, d'après l'enseignement des temps révolus, il faut considérer que les guerres exercent toujours une répercussion à l'intérieur des pays qui les ont subies, qu'elles provoquent parfois de graves soulèvements et des réactions souvent formidables. Y aura-t-il en France, après la guerre, une effervescence de cette sorte?

En France, le plus grand mal est aussi possible que le plus grand bien. Il conviendrait qu'un courant d'opinion se formât pour infuser au pays une force, une pensée neuves. Mais un courant n'est jamais spontané; il faut qu'on le dirige, et des hommes sont nécessaires pour cela... Des hommes! Le sort devrait donner à la France, non pas un Maître, mais un Chef, ou tout au moins un Gouvernement énergique, sachant vouloir et sachant appliquer sa volonté en dépit des circonstances artificielles et des oppositions intéressées, un Parlement diminué de son injustifiable majorité d'avocats — intelligents peut-être, mais sûrement incompétents — et doté de spécialistes, un peu comme le sont les sections de l'Institut.

Dans l'ordre moral, il conviendrait de rechercher le resserrement des liens du mariage et la réforme du cadre de la famille : le retour après la longue séparation, les deuils aux influences apaisantes favoriseraient la réalisation de ces nécessités. Il en résulterait un repeuplement actif du pays, indispensable à son activité et à sa sauvegarde futures. De plus en plus, la guerre se fera avec de grosses masses d'hommes : la nation dont le nombre de défenseurs diminuera se dissoudra ; les alliances sont un expédient, et non une ressource ; il faut compter sans elles, et agir comme si le collaborateur d'aujourd'hui pouvait s'ajouter à l'ennemi de demain.

La situation de la natalité en France, avant la guerre, était plus qu'inquiétante ; sa comparaison avec celle d'Angleterre et celle d'Allemagne s'établissait à peu près ainsi : Angleterre, augmentation des naissances 24,4, décès : 14,6 donnant aux naissances un avantage de 9,8 °/₀ ; Allemagne : excédent de naissances 28,6 contre décès 17,3 accusant au bénéfice des naissances un surplus de 11,3 °/₀. En France, la différence entre les naissances 18,7 et les décès 19,6 mettaient les naissances en infériorité de 0,9 °/₀. Cette infériorité n'a pas été la moindre des causes qui conduisirent l'Allemagne à la guerre ; il lui sembla qu'elle devait supprimer un peuple qui se faisait un avenir de fils uniques et de berceaux vides. Nombre d'entreprises louables, mais trop théoriques, organisées en vue de remédier à cet état critique, ne devait guère donner de résultats. Les ligues, les

Comités — comme les primes et les avantages
matériels qu'ils dispensaient — n'obtenaient aucune attention d'un égoïsme indolent, fermement
résolu à ne pas émietter son bien-être. Cependant,
l'insuffisance de la natalité se doublait d'une grande
infériorité du nombre d'hommes sur celui des
femmes : 1014 femmes contre 1000 hommes. On
pense combien cette proportion s'est aggravée
déjà, et ce qu'elle sera après la guerre !

Il serait donc important de prendre des mesures
en vue de remédier à la stérilité voulue du mariage.

En dépit de ce que peuvent penser les pacifistes
impénitents, la guerre ne tuera pas la guerre. Il
est à redouter, au contraire, que le bouleversement actuel, et peut-être plus encore l'imparfait arrangement qui en découlera, ne causent, pendant
longtemps, des irruptions armées et ne placent le
monde dans une longue période de déchirements.

La France devrait donc conserver une armée
nombreuse forte, abondamment équipée. Il n'est
point à s'inquiéter de son esprit militaire, certes,
ni de son élan acquis — elle aura tout le fonds de
vétérans nécessaire à la perpétuation de ses qualités combatives et de chefs formés à l'école de la
responsabilité de la bataille — mais il conviendra
que durent son souci de conserver un matériel
puissant et son application à en forger un nouveau, plus puissant encore : la science, la technique
ont mille perfectionnements à trouver pour les
guerres futures ; il s'en faut de beaucoup qu'elles
en soient à l'aboutissement du cycle où, tous les
moyens mécaniques étant épuisés et se neutrali-

sant réciproquement, il faudra en revenir aux pri-
mitifs corps à corps.

Voilà pour l'intérieur.

La France devra changer son attitude vis-à-vis
de l'Etranger. Il est à souhaiter que la victoire la
mette en puissance d'un prestige dont elle devra
soigneusement choisir les représentants, exigeant
d'eux beaucoup de qualités, mais leur procurant,
sans compter parcimonieusement, les ressources
utiles pour faire figure et pour assurer la portée
de leurs actes. Il serait souhaitable enfin que la
France se montrât moins bonne, moins accueil-
lante — non pas pour l'étranger loyal — mais pour
les métèques entreprenants, sous toutes sortes de
masques, dangereux introducteurs d'influences
interlopes et nuisibles dans tous les mondes, depuis celui des antiquaires jusqu'à celui des finan-
ciers ; qu'elle fixât des règles prudentes au mariage
francisant l'étrangère, et qu'elle imposât de multiples épreuves à l'octroi de la naturalisation.

Dans le domaine intellectuel, la France est sou-
veraine depuis toujours. Plus qu'autrefois, les
peuples auront la curiosité de ses idées, de ses enseignements, de sa littérature, de ses arts, mais
elle se devra à elle-même de renoncer aux perver-
sités — pas toujours élégantes — dont des auteurs,
un peu facilement acceptés, finissaient par abuser
dans les livres et sur la scène. Le théâtre parisien
peut employer son esprit, son charme pour de plus
louables concepts que ses sempiternels et décourageants scenarii pétris avec le ridicule du mari
trompé, la louange de l'amant adroit ou la drôlerie

désinvolte de la dame évadée du bon sens. La
France devra se montrer plus difficile et plus exigeante, mieux choisir entre le savoir-faire et le talent, vérifier les productions avant de les applau-
dir, suivant la mode, surveiller ses engouements
et s'en méfier.

Plus encore que celles de sa vie politique et administrative, la France devrait modifier les règles
étroites de ses usages économiques. Sur ce point
elle est en retard ; l'Allemagne l'avait supplantée,
alors qu'elle pouvait faire beaucoup et qu'on l'aurait si bien accueillie. La France devrait, tout d'a-
bord. aviser à la propagation de sa langue et de
son influence générale. Son industrie aurait à
employer des méthodes plus larges et réclamer
du pouvoir la création d'un enseignement utili-
taire qui lui procurerait plus tôt, et en plus grande
abondance, des techniciens et des spécialistes. Sa
finance devrait complètement changer de thèse : au
lieu de détourner l'or national vers trop d'emprunts
étrangers, de le dissiper en de multiples prêts con-
sentis aux municipes de Colorados hypothétiques,
elle devrait le consacrer au relèvement, à l'aide,
à l'entretien de l'activité locale. Il devrait se fon-
der des établissements pour favoriser *réellement* le
développement du Commerce et de l'Industrie ; et
puis, la France n'a-t-elle pas à appliquer une part
des ressources de son épargne à l'exploitation de
colonies considérables demeurées en jachère et
qui sont des déserts comparées aux possessions
d'Angleterre.

Quand on pense que la fortune de France procurait à l'Allemagne, tant qu'elle en voulait, de l'argent rémunéré à 4 ou 5 %, dont celle-ci tirait un bénéfice d'au moins 15 % à 20 % et, avec cet argent implantait son influence dans le monde entier !

Le Commerce, plus encore que l'Industrie, aurait à rénover ses coutumes. Le Gouvernement devrait lui procurer, dans les Consuls, non des fils de famille soucieux de la qualité diplomate, non des personnages représentatifs, des chanceliers dorés, mais des tuteurs, des conseils et des soutiens. Les maisons françaises pourraient, très vite, gagner des places avantageuses, en Amérique du Sud, principalement, et dans l'Extrême-Orient ; mais il lui faudrait adopter des usages complètement opposés à leur ancienne manière de voir, prendre des habitudes moins guindées, consentir à des risques plus grands, mais au demeurant, normaux ; elles devraient pousser leurs voyages, mieux entretenir leurs représentants et leur créer des ports d'attache ; elles auraient intérêt à diversifier leurs échantillonnages, à multiplier les genres de leurs produits, à donner plus de souplesse à leurs prix, et surtout à accorder les longs crédits auxquels se prêtaient les Allemands ; leur initiative dans ce sens devrait se doubler du concours des banques spéciales dont nous définissions plus haut le rôle.

Au jour où la France sera devenue forte militairement et économiquement, j'espère que l'histoire suivante ne se renouvellera plus : un grand ingénieur japonais, représentant d'une importante société industrielle, était venu en Europe pour acheter toutes les machines nécessaires à l'installation d'une usine ; en descendant à la gare de Berlin, son étonnement fut grand de voir le directeur d'une très importante firme allemande l'attendre et lui faire des offres de service très avantageuses. En arrivant à Paris, non seulement il ne vit personne à la gare, mais lorsqu'il se présenta dans une des plus réputées maisons parisiennes, il fut surpris de voir un huissier ou garçon de bureau, furieux d'être dérangé par un visiteur qui ne parlait presque pas le français. Cet employé répondit sur un ton peu poli que le Directeur n'était pas visible, et il renvoya l'ingénieur comme si c'était un mendiant. Celui-ci me déclara quelque temps après : « J'aime beaucoup les Français, mais ils ne sont pas commerçants. »

Ces choses-là ne doivent pas se reproduire après la guerre. Toute la Nation française doit se ressaisir après la Guerre. Toute la Nation française doit se réveiller et multiplier ses efforts ; sa fortune et son peuple auront beaucoup diminué et son voisin de l'Est fera l'impossible pour se remonter. L'heure n'est plus aux discours, mais à l'action, comme le disait M. Clémentel, à l'inauguration de la Foire de Lyon.

*
* *

On pardonnera à un étranger de s'être si indiscrètement étendu sur les initiatives qu'il voudrait voir prendre à la France pour son expansion et sa puissance nouvelle ; on excusera sa hardiesse, si on admet qu'elle est provoquée par le profond désir qu'il a de voir redevenir plus fort, plus beau, plus riche, le pays qu'il aime tant. Plus fort ! mon vœu se fixe principalement sur cette nécessité. Il faudrait que la France demeurât longtemps cuirassée, comme si elle était toujours en guerre. Je voudrais la voir s'inspirer de ce sage conseil de notre grand shogun Iyeyasu : *Après la victoire, soyez encore plus fermes. Figurez-vous, en dépit de la paix et malgré le succès obtenu, que vous avez un voisin plus dangereux que celui vaincu par votre effort et armez-vous préventivement contre celui-ci mieux que vous ne l'étiez contre l'autre.*

APPENDICE

TSIN-TAO

On a bien voulu reconnaître l'empressement et
la spontanéité que le Japon mit à se porter, dès
l'origine du conflit européen, du côté du droit et
de la justice, contre l'audace, dès le premier jour
barbare, de l'Allemagne. On a loué l'honnêteté
et la loyauté nipponnes exécutant délibérément,
sans le moindre marchandage — comme devaient
le faire, par la suite, plusieurs interventionnistes
tardifs — les clauses de son accord avec l'Angleterre : honnêteté, loyauté, dévouement qui, provenant d'Asiatiques lointains, s'opposaient en
contraste ironique à la mauvaise foi et à la violence de la nation orgueilleuse qui ne prétendait
à rien moins qu'à gouverner l'Occident et à dominer le Monde. On peut d'autant plus estimer
la décision du Gouvernement de Tokio que l'Allemagne ne manquait pas d'avocats au Japon :
magistrats, juristes, professeurs, militaires, restés
attachés à sa culture et à son système politique.

Mais il y a aussi, dans notre pays, une opinion
nationale à laquelle ne peut s'opposer aucune influence particulière, si forte soit-elle ; bien au-

dessus des sympathies et des intérêts, elle place
l'honneur conçu selon la vieille manière japonaise
et exige que satisfaction absolue soit donnée à
la parole engagée. En l'occurrence, ce fut le souci
d'exécuter le traité d'alliance conclue avec l'Angleterre en 1905 — plutôt que d'anciens et justes
ressentiments, plutôt que l'égoïste sauvegarde
de Port-Arthur — qui fit se lever contre l'Allemagne un ennemi de plus en Extrême-Orient.

L'état de choses, tel qu'il se présentait, motivait
d'ailleurs absolument l'intervention japonaise,
puisque l'escadre allemande de Chine (la suite des
événements devait le démontrer) était en état de
nuire aux colonies britanniques du Pacifique et de
l'Océan Indien.

Donc, le 15 août, le gouvernement japonais faisait parvenir à Berlin, en utilisant, par précaution, plusieurs lignes télégraphiques, un ultimatum que son Ambassadeur devait remettre sans
délai au Gouvernement allemand. En vertu des
traités, il exigeait le désarmement d'une force maritime capable d'assaillir les Alliés dans les Océans ;
les navires de guerre allemands devaient être
rappelés et le territoire de Kia-Tchéou — y compris toute son organisation matérielle — était à remettre, sans dédommagement d'aucune sorte, au
Japon, qui en disposerait à son gré. L'Allemagne
avait un délai de huit jours pour se décider.

Profitant des circonstances, les plus importants
bateaux allemands, peu désireux de se mesurer
avec la flotte d'un adversaire probable, se hâtèrent
de prendre le large. Des conditions plus strictes

eussent empêché le *Gneisenau*, le *Scharnhorst*, le *Leipzig*, le *Nurnberg*, et le *Emdem* de devenir les corsaires que l'on sait. Il ne resta au port que de négligeables unités allemandes, plus un vieux croiseur autrichien le *Kaiserin-Elisabeth*.

A l'expiration du délai prescrit, l'Allemagne n'ayant fourni aucune réponse à l'ultimatum japonais, les opérations commencèrent. L'amirauté anglaise ayant exprimé le désir de voir occuper le poste de T. S. F. et le dépôt de charbon allemand des Iles Marschall, l'escadre japonaise alla s'assurer de ces lieux, et, immédiatement, pour ne pas alarmer les Américains, confia sa conquête à la garde du gouvernement d'Australie.

Les Allemands ne tentèrent aucune résistance, et ne firent rien pour l'honneur de leur patrie, au si grand renom de force. On négligea de prendre les fusils ; deux bateaux d'arpentage, qui étaient en rade, se coulèrent. Au préalable, les autorités des îles s'étaient hâtées de mettre en liberté un Japonais qui avait été emprisonné. Le gouverneur ne témoigna d'aucune morgue et accepta tout ce qu'on exigea de lui. Au bout des deux heures accordées pour ses préparatifs de départ au Japon, où il devait être transféré, on le trouva docile et prêt à s'embarquer avec les siens. Il n'était, paraît-il, rien moins que rassuré et se voyait, pour le moins, enfoui dans quelque redoutable prison ; son étonnement fut donc grand quand, à Yokohama, le vice-consul américain et le président de la colonie allemande vinrent le recevoir ; les officiers japonais l'abandonnèrent aux soins de ceux-ci ; une auto-

mobile vint se mettre à sa disposition pour le conduire, d'abord à un hôtel réputé, puis à la succursale de la Reichsbank pour le déposer, enfin, à
l'embarcadère d'un bateau en partance pour l'Europe.

*
* *

Les opérations de Tsing-Tao s'accusent sans
beaucoup d'importance, au point de vue militaire,
si on les compare aux grandes batailles de Port-
Arthur, de Moukden et de Tsoushima. Elles n'ont
procuré au Japon, à part la gloire d'avoir en premier lieu vaincu les Allemands, que des avantages
d'ordre moral : mettant en évidence sa mansuétude envers un ennemi politique dangereux, faisant valoir sa piété pour les morts, sa bénignité
envers les prisonniers et sa générosité dans les
conditions d'une capitulation qu'il eût pu exiger
plus écrasante.

Tsin-Tao est supprimé matériellement. Il n'offre
plus qu'un emplacement éminemment propice aux
grandes entreprises économiques, qu'il faudra ré-
tablir sur de nouveaux frais, car tandis que les
Allemands démolissaient les bâtiments du port,
les docks et les casernes, l'artillerie japonaise écra-
sait les travaux de canalisation, les sources d'élec-
tricité, les usines et autres installations techniques. La colonie où les Germains avaient dépensé 400 millions de marks, s'est totalement
effrondrée, mais il subsiste — qu'on y songe bien
— un lieu d'élection, un poste de choix où les anciens occupants ne manqueront pas de revenir

commercer et où ils auront bientôt reconquis la suprématie, si on laisse la caducité chinoise disposer de la conquête japonaise.

Kia-Tchéou était déjà une colonie très belle, et elle pouvait servir à une étonnante fortune à faire en Chine.

Durant l'année 1897, sous prétexte de représailles et de compensations vengeresses de l'assassinat de deux missionnaires quelconques, Guillaume II décidait l'occupation d'un point sur la côte du Chantoung — trop favorable pour qu'il n'eût point été choisi avant coup. Pékin, quoiqu'en résistant, fut bien obligé de s'incliner devant les exigences du plus puissant monarque militaire d'Europe ; il consentit, pour 99 ans, un bail du pays occupé, avec une importante zone d'influence. La baie de Kia-Tchéou, incluse en ce domaine arraché sans bourse déliée à la pusillanimité du Céleste Empire, offrait une situation maritime d'une valeur exceptionnelle.

En peu de temps, la concession allemande fut dotée d'établissements considérables qui, heureusement exploités, devinrent extrêmement productifs ; elle était, en dernier lieu, l'un des chefs-lieux économiques de la Chine du Nord — à la fois base navale, centre commercial et point d'appui pour la pénétration de la Chine. On pouvait prévoir pour Tsin-Tao un développement qui l'eut rendu équivalent à Hong-Kong. Le port, excellent en soi, jouissait des aménagements et des perfectionnements les plus modernes ; son trafic s'accroissait dans d'énormes proportions. Le chemin de fer rayonnait sur 500 kilomètres au sortir de la place, et on devait développer quatre fois plus d'autres voies ferrées.

L'Allemagne militaire n'avait pas manqué d'armer solidement la colonie où se plaçaient tant d'espoirs. Le port de Tsin-Tao était protégé par des ouvrages de grande puissance et de vaste étendue ; une escadre importante s'y tenait en permanence. Des forteresses nombreuses, comportant les plus récents dispositifs, gardaient les approches de la ville ; une garnison d'élite y était entretenue, et elle devait s'augmenter, en cas de mobilisation, de tous les réservistes et territoriaux allemands résidant en Extrême-Orient.

*
* *

Aucun journal européen n'a donné le détail des opérations japonaises à Tsin-Tao ; je crois qu'on trouvera de l'intérêt à leur compte-rendu.

Une Américaine a publié, succinctement, dans la *Revue Ootloock* ce qu'elle vit et entendit au Japon, sur les premiers événements de Tsin-Tao.

« ... La 18e division, écrivit-elle, plus quelques unités techniques — en tout moins de 30.000 hommes sous le commandement du général Kamio — était désignée pour cette campagne. « La marine, de son côté, se préparait. Bientôt, tandis qu'une escadrille de petits croiseurs et de contre-torpilleurs s'en allait à Kia-Tchéou, les cuirassés et les croiseurs cuirassés se joignaient aux vaisseaux de la division anglaise pour faire la police des mers et combattre l'escadre allemande très entreprenante.

« Le 25 août, tandis que l'escadre du blocus de Kia-Tchéou était devant Tsin-Tao, deux grandes tempêtes s'élevèrent qui causèrent d'importants ravages et empêchèrent les Japonais de débarquer au lieu convenu. Par la suite, nombre de fléaux, survenant l'un après l'autre, semblèrent, tant ils retardèrent à point les Japonais, vouloir combattre pour les Allemands. Une inondation, comme on n'en avait pas vu depuis 60 ans, brisa les digues des rivières, envahit les terres, couvrit les routes, emporta les villages et étala d'immenses nappes d'eau entre les assaillants et les assiégés. Les Japonais, toutefois, s'arrêtèrent à peine. Bientôt la ligne du chemin de fer du Chantoung fut occupée et la gare de Saïnang prise. Ces points saisis, on réédifia les ponts détruits par les Allemands ; les mines disposées sous les voies furent délogées et mises hors d'état de nuire et, très vite, assez de matériel fut réparé et assemblé pour favoriser la célérité des opérations.

« Le chemin de fer du Chantoung avait été extrêmement utile aux Allemands. Par là, les défenseurs de Tsin-Tao s'étaient ravitaillés, avaient acheminé leurs réservistes et recueilli, au début du mois d'août, des marins autrichiens désarmés et privés de bateaux. Quand se produisit l'avance des Japonais, les Allemands, sachant bien l'importance du chemin de fer, avaient imaginé de le confier aux soins de quelque représentant de puissance neutre, afin que l'adversaire ne put en profiter. Mais il ne se trouva personne pour seconder cet astucieux dessein. »

« Le blocus de la colonie fut bientôt complet. L'armée japonaise, dans l'intention de ne point sacrifier de monde à l'acquisition d'un résultat qui n'était point douteux, poussa le siège de façon à ce que la situation des Allemands devint vite impossible. Mais le Kaiser, en dehors de toute logique, déclarait préférer l'entrée des Alliés à Berlin à la chute de Tsin-Tao ; il exigeait de ses troupes la victoire à tout prix, contre les représentants du « péril jaune ». Le gouverneur dut donc refuser la reddition proposée. La chose n'alla pas sans troubles intérieurs. La garnison comptait 3.000 réservistes — anciens professeurs, industriels, commerçants — qui, assez peu propres aux armes et connaissant, par ailleurs, la puissance de l'attaquant et l'impossibilité qu'il y avait à lui échapper, demandaient que la place se rendît, malgré les instructions venues d'Europe. Naturellement le commandant et ses officiers négligèrent ces criailleries ; sur quoi, peu à peu, les réfractaires tentèrent de fuir ; plusieurs réussirent, et nombre d'eux parvinrent à gagner le Japon.

« Peu avant l'attaque générale, les Japonais, à deux reprises, conseillèrent aux Allemands de capituler, puisque leur résistance ne pouvait avoir d'effet, et, au moment de l'assaut, ils autorisèrent l'évacuation des civils de l'enceinte.

« Tandis qu'allait être entrepris le relèvement des mines posées en mer pour la défense de Tsin-

Tao, les « Amas » (pêcheuses japonaises) vinrent offrir leurs services à l'autorité militaire, qui ne crut pas devoir les accepter. Ces « Ama » étaient cependant à même de bien se tirer de la besogne qu'elles sollicitaient : plongeuses étonnantes, on les voit demeurer sous l'eau, de trois à cinq minutes, pour chercher des perles au fond de la mer. Elles eussent enlevé les mines, en se jouant...

« L'attaque de Tsin-Tao commença le 31 octobre, jour anniversaire de l'Empereur du Japon. Les premiers prisonniers arrivèrent, dès le début de novembre, aux casernements de Kurumé, dépôt de la 18e division ; les officiers, le général Kamio et les membres de la Croix-Rouge allèrent à la gare les recevoir ; les bien portants entrèrent à l'école et au temple, et l'on transporta les blessés et les malades à l'hôpital militaire, où des médecins parlant l'allemand les soignèrent. J'ai obtenu la permission de voir ces gens et de me rendre compte de leur situation ; ils étaient enchantés de l'urbanité des Japonais. Les Japonais avaient, jadis, traité les prisonniers russes d'après les justes conventions de la guerre, mais les Allemands sont encore plus favorisés : l'administration montre une grande indulgence à leur égard ; le bureau de renseignements de Tokio a accepté n'importe quelles correspondances avec les familles, il répond à toutes les demandes, et n'apporte aucun empêchement aux autorisations de visite qui lui sont adressées. »

J'ai dit comment, malgré le délai compris entre

le 15 et le 23 août, laissé par l'ultimatum japonais
au Gouvernement allemand, des mesures de mobilisation avaient été prises dès le 16. La non-ac-
ceptation de Guillaume II était prévue. Une force
fut donc composée, qui groupait avec la 18e division divers éléments d'artillerie de siège, du génie,
et des transports et communications. Exactement : 4 régiments d'infanterie, 1 de cavalerie,
1 d'artillerie de campagne, 1 bataillon du génie et
1 bataillon de train, en tout, moins de 30.000
hommes. On n'avait naturellement pas besoin
de tant de monde pour enlever Tsin-Tao, mais le
siège devait être fait selon toutes les règles tactiques... Les troupes s'embarquèrent à partir du
28 août, dans les ports japonais. Leur débarquement commença, dès le 2 septembre, à Rukolong-
kao ; il se termina vers le 14, non sans avoir été
contrarié par un temps affreux et par la tempête.

La marche en avant se dessina, tout de suite,
très rapide. Le 12 septembre, après une escar-
mouche de cavalerie, on occupait Sokuboku, qui
est situé à 50 kilomètres au nord de Tsin-Tao.

Pendant ce temps, on réglait les dispositions
maritimes. La première division navale occupait
la Mer jaune, prête à attaquer les vaisseaux ennemis, s'ils se montraient ; la deuxième division
bloquait la baie de Kia-Tchéou ; quant à la troisième, elle s'en allait croiser dans la mer de Chine,
tandis qu'un détachement croisait dans le Pacifique, pour protéger la navigation avec l'Amérique.

Une avant-garde, marchant au sud, balaya un

groupe allemand, qui tentait de défendre le rivage du fleuve Hakuska.

La rade de Rozan ayant été dégagée par les contre-torpilleurs des mines dont les Allemands l'avaient encombrée, des troupes purent atterrir à partir du 18 septembre.

Du 26 au 28 de ce mois, l'armée japonaise attaque Kokken et Fuzan ; elle aborde la première, puis la seconde ligne de l'ennemi, qui ne tient nulle part.

Le général anglais Barnadiston, dont l'initiative ne trouva guère à s'employer dans cette courte campagne, arriva sur ces entrefaites avec un millier de soldats britanniques et d'auxiliaires indiens.

Les lignes ennemies enlevées, l'armée japonaise serra la place de plus près. Bientôt les travaux du siège commençaient : des ouvrages de campagne étaient établis ; on construisait un chemin de fer à voie étroite et l'on élargissait les routes pour le transport de l'artillerie de siège et des munitions. Ces travaux d'approche se terminaient en fin d'octobre, sous le bombardement des forteresses et avec un temps exécrable. Dès le 29 octobre, les Japonais occupaient solidement la ligne Siho-Goka-Deuka-Sinka. Le 30, vers deux heures de l'après-midi, les chefs de corps étaient mandés au Grand Quartier en vue d'y recevoir leurs instructions pour une action d'ensemble qui était proche. Le 31, un bombardement général de la place avait lieu, après quoi l'infanterie et le génie partaient à l'assaut, malgré la canonnade des forts et les feux

rasants des mitrailleuses. Presque d'un seul bond,
l'attaque japonaise parvint à quelques centaines
de mètres de l'infanterie ennemie. Là commencèrent les difficultés sérieuses. Il y avait, comme
première barrière, un enchevêtrement de fils barbelés sur un développement de sept mètres environ ; derrière s'ouvrait un fossé de même largeur,
profond de quatre mètres et garni de pals ; au-
delà, nouveau réseau de fils de fer plus serrés,
plus garnis de ronces, et enfin, tout un dédale de
tranchées aménagées pour les feux croisés d'infanterie et de mitrailleuses.

Les assaillants poussaient toujours et l'artillerie de campagne courait derrière eux, tonnant à
chaque instant pour les soutenir. Les ceintures de
fils de fer s'écrasaient et l'on parvenait presqu'au
pied des forts.

Dans la nuit du 7 novembre, la brigade du centre,
ayant franchi les chevaux de frise et gagné le fossé d'enceinte, détachait deux compagnies d'infanterie et une section de génie pour envahir l'ouvrage
devant lequel elle se trouvait. A 1 heure 40 du matin, cet ouvrage était enlevé et l'on y faisait deux
cents prisonniers. Les Allemands bombardèrent
aussitôt le fort, mais la position resta occupée.

De 4 h. 30 à 5 h. 10, on s'emparait de la même
façon d'un fort du Nord, qui avait beaucoup gêné
le commandant en chef. Tout cela étant acquis, en
somme, sans trop de peine, on décidait la triple
attaque des plus importantes forteresses : Moltke,
Bismarck et Illtiss.

A gauche de l'attaque générale, il avait été convenu que l'on ferait sauter dans la nuit du 6 novembre les douves et les ouvrages de défense autour du fort Shotansan, mais le sol était si dur qu'on ne put entreprendre de sape. Le commandant, sachant l'avance gagnée au centre et redoutant de demeurer en arrière, décida d'enlever de vive force les ouvrages contre lesquels le génie s'épuisait ; il réussit. Après ce coup, il envoya un détachement contre les fortifications à l'est d'Illtiss. Avant 6 h. 30, le matin du 7 novembre, on tenait les hauteurs des monts Bismarck et Illtiss, ainsi que les retranchements du centre de la place. Il n'y avait plus de résistance qu'aux extrémités, à droite et à gauche. Le fort Shotansan, à l'extrême droite allemande, succombait à 6 h. 45. L'extrême gauche se maintint un peu plus de temps ; les soldats du génie finirent par l'aborder de face, sans tirer un coup de fusil et, ayant fait sauter son dépôt de munitions, le réduisirent à merci ; à 7 heures, les Allemands ne tiraient plus un coup de canon.

L'effectif anglais, qui doublait l'attaque du centre, n'eût pas à intervenir, car les Japonais s'assurèrent seuls des positions de Taï-To-Tsin.

L'artillerie lourde de campagne et les pièces marines descendues à terre, avaient constamment et terriblement préparé, à distance, les élans d'infanterie. Du côté de la mer, trois croiseurs avaient pris, avec non moins d'efficacité une semblable initiative.

A 7 heures, l'ennemi définitivement dominé demandait à parlementer. Entre 7 et 9 heures, on fixait les conditions de la capitulation et à 10 heures Tsin-Tao n'était plus allemand.

Les opérations, pour si réduites qu'elles furent, réclamèrent des troupes une grande énergie et s'illustrèrent de faits d'armes.

Pendant le draguage des mines, dont les Allemands avaient semé la baie de Tsin-Tao, le contre-torpilleur « Kagé-Ro » eut une aventure héroïque. Dans les secteurs où il devait accomplir sa mission, les câbles tenant les mines s'étaient rompus et les engins dérivaient au hasard du flot ; redoutant de se heurter à eux, le commandant arrêta son bâtiment et fit descendre les chaloupes. Pour si habile et discrète que fut la manœuvre, l'ennemi la discerna et canonna aussitôt le contre-torpilleur. Le bombardement devint vite très violent. Le commandant était angoissé et il allait donner, à contre cœur, l'ordre de s'éloigner, malgré le danger, quand un sous-officier et deux matelots offrirent de plonger devant le bateau pour s'emparer des mines. Non seulement ces braves s'emparèrent des engins, mais ils les désarmèrent sur place, tandis que les obus faisaient jaillir l'eau tout autour d'eux.

L'armée de terre donna des exemples de vaillance non moins remarquables. Dans la nuit du 2 novembre, — la troisième de l'attaque générale — le lieutenant du génie Kodsu était chargé de vérifier par lui-même les installations de l'ennemi devant les forts Taï-To-Tsin, pour renseigner l'État-Major. Le lieutenant partit avec huit hommes — des spécialistes ; vingt soldats d'infanterie, conduits par le lieutenant Tukakusa devaient le seconder.

Après avoir franchi les lignes japonaises, la petite reconnaissance put arriver assez facilement contre les ouvrages allemands. Le lieutenant Tukakusa cacha son monde dans un trou d'obus et, accompagné de deux fantassins seulement, il poussa plus loin. Non sans difficultés, les trois hommes parvinrent à se dégager d'une ceinture de fil de fer, large de huit mètres ; ils se trouvèrent devant un fossé qui leur sembla sans fond ; sauter était dangereux, heureusement une brèche s'offrit à eux et facilita leur descente. Sur l'autre bord, il y avait autant de fils de fer à traverser que la première fois, pour aboutir à un mur d'enceinte, très haut, et en apparence, inabordable. On trouva une échelle qui conduisait à un poste d'observation. Les soldats atteignirent ce poste, mais, ayant voulu aller plus loin, ils éveillèrent l'attention des surveillants et aussitôt l'alerte fut donnée : les projecteurs, soudain allumés, tournoyèrent, pendant que les balles et les mitrailleuses faisaient rage. A force d'adresse, les Japonais parvinrent à battre en retraite et à traverser, de nouveau, tous les obstacles qu'ils avaient franchis pour venir.

De son côté le lieutenant Kodsu s'était procuré d'utiles indications et l'ensemble des renseignements recueillis dans cette folle équipée fut précieux pour l'Etat-Major.

Dans la même nuit, au centre, le lieutenant du génie Kono, avec quelques sapeurs et fantassins, se coulait au long d'une corde à nœuds dans les fossés d'une fortification dont on voulait connaître l'importance ; il effectua toutes les constatations nécessaires. Découvert par les sentinelles, il réussit à se tirer d'affaire au milieu d'une pluie de balles.

Toujours dans la même nuit, le capitaine Oki, étudiait un aménagement de la défense, quand un guetteur l'assaillit et, d'un coup de baïonnette, lui traversa le bras. Furieux le capitaine tua net son assaillant et parvint à rejoindre son corps.

Après la chute du fort *Illtiss*, un soldat trouva un carnet, sur lequel un assiégé avait noté, jour par jour ses impressions. Il s'agissait d'un officier d'artillerie, commandant un groupe de 4 canons de 120. Ces notes peuvent donner une idée exacte de la désillusion à laquelle devaient rapidement en venir les arrogants possesseurs de Tsin-Tao. Les voici :

5 août. — Notre surprise est extrême. On nous fait savoir que l'Angleterre se met en guerre contre l'Allemagne. Jamais nous n'aurions cru cela possible.

6 août. — A 4 heures du matin, le croiseur autrichien, *Kaiserin-Elisabeth* entre dans le port, tirant un bateau russe qui est riche, dit-on, de 4.000.000 de marks en or, en plus de marchandises valant au moins 60.000 marks. Nous emploierons le bateau russe comme auxiliaire, quand il sera délesté.

15 août. — Le Japon, pour nous ravir le Kia-Tchéou de ses rêves, nous déclare la guerre. Sans doute le mauvais chien anglais le pousse. Le Japon est imprudent ; nous avons des dents... Tout de même nous aurons à faire beaucoup de choses... Dussions-nous mourir ici, nous ne nous rendrons pas.

16 août. — Nous recevons un câblogramme de l'Empereur qui nous ordonne de tenir Tsin-Tao jusqu'au dernier homme.

21 août. — Le Japon a reçu de 50 à 60.000 volontaires (1). Que pouvons-nous faire avec nos 5.000 hommes ?

22 août. — Un contre-torpilleur anglais, attaqué par notre torpilleur *S.-90*, s'est sauvé à Weï-Haï-Weï, avec trois morts et huit blessés... peut-être plus (2).

5 septembre. — D'après le rapport de nos espions chinois, notre ennemi suppose l'armée allemande très nombreuse. Il la juge très brave et très active. Tant mieux.

Les Japonais s'approchent des forteresses. Nous ferons notre route sur leurs morts couchés.

6 septembre. — On ne voit pas de vaisseaux japonais. Sans doute l'ennemi redoute de les aventurer. Lâches !

22 septembre. — L'armée japonaise a débarqué

---

(1) ci se révèle l'Allemand qui exagère l'importance de l'ennemi, en vue de créer une excuse à sa défaite future. Jamais le Japon ne demande de volontaires pour Tsin-Tao. et point n'était besoin d'assembler 60.000 hommes contre ces forteresses : la moitié suffisait. — L'Allemand se flattait.

(2) Et même moins.

20.000 hommes. Cela lui fera bien 65.000 hommes en tout (1). Nos 5.000 hommes auront fort à s'employer. Il y en a, en plus, 1000 Anglais, 900 Russes (2), 800 Indiens.

23 septembre. — Les avions japonais ont survolé les forts et ont jeté des bombes pour détruire le phare, mais leurs projectiles sont tombés 1.200 mètres trop loin. Nous n'avons subi aucune perte. Le phare est seul à éclairer la baie : il est compréhensible que les Japonais veuillent le détruire.

27 septembre. — Les batailles ont commencé. Nous avons détaché 30 hommes et deux mitrailleuses sur la hauteur N° 5. Les Japonais ont envie de ce poste et envoient 500 hommes contre nos occupants ; ils parviennent à 200 mètres du sommet et veulent l'enlever de force. Résultat : 481 morts pour eux (3).

Le hasard a voulu que l'ennemi détruisît nos canalisations d'eau ; c'est une gêne. Au fort N° 3, nous avons eu une compagnie et quatre canons employés contre deux compagnies ennemies. Le combat a duré toute la journée. Les Japonais ont perdu 1.500 hommes et nous 7 (4).

Notre brave canonnière *Illtiss* et notre torpilleur *S. 90* manœuvraient en vue d'attaquer l'ennemi sur sa droite. La forteresse Haï-Sen-Kaku bom-

(1) L'Allemand poursuit son erreur systématique.
(2) Il n'y en eut jamais à Tsin-Tao.
(3) L'Allemand aurait pu tout aussi bien dire 581 sur 500
(4) Toujours exagéré, l'Allemand. Combien le lendemain devait lui donner tort !

bardait les vaisseaux japonais, qui se gardaient de répondre et surtout d'approcher.

28 septembre. — L'armée ennemie avance ; elle établit des travaux d'approche. Hier, notre auxiliaire autrichien, *Kaiserin-Elisabeth*, et notre *Illtiss* tiraient tant qu'ils pouvaient pour détruire ces travaux.

Les forts que l'adversaire attaque de face résistent de leur mieux.....

Nous savons la valeur de l'artillerie japonaise, mais nos forts sont solides.....

Diables de Japonais ! Ce sont les ivrognes du patriotisme ; leur mépris de la mort est extraordinaire.....

Nous tirons constamment et cependant l'ennemi approche : c'est un fait.....

Nous avons dû reculer, après avoir détruit sur place deux gros canons que nous n'aurions pu emmener avec nous.

Six canons de campagne japonais nous ont tiré dessus. Néanmoins, je suppose que l'attaquant a eu quelque chose comme 1782 morts et 800 blessés contre 17 morts et 139 blessés ou disparus pour nous.....

Nous avons été sous le feu des canons de 30 de leur marine, mais sans dommage...

29 septembre. — Aujourd'hui fut un jour mémorable, pour notre deuxième compagnie. Nous avons mis en train nos canons de 21 centimètres. Pas très longtemps, malheureusement (six coups), parce que nous avons eu un autre service à remplir.

L'après-midi, nous avons bombardé les lignes d'infanterie de l'adversaire. Si courageux qu'ils fussent, les soldats japonais ne pouvaient franchir la zone battue par nos obus de 21. Dans la soirée, le commandement a fait sauter les trois bâtiments de notre marine, afin de ne point les laisser à l'ennemi, au cas, où, par impossible, Tsin-Tao serait pris.

31 octobre. — Commencement de l'attaque générale. Dès le matin, nous avons ouvert le feu. L'ennemi nous a copieusement rendu nos coups Le tir des Japonais est fort bon. Pour sa part, notre fort a reçu une vingtaine de projectiles. Le combat s'est poursuivi de 7 à 11 h. du matin.

... Le quartier général a été touché...

... En nombre de points nous sommes percés à jour...

... Horrible spectacle !

... Il grêle des obus sur les forts. Cependant nous ne souffrons pas trop...

Six projectiles se sont, coup sur coup, abattus devant moi ; je ne sais comment j'ai pu échapper à leur distribution de mitraille. S'ils étaient tombés 4 mètres plus près, je ne serais pas, actuellement, à continuer mon journal.

Nos docks et entrepôts de pétrole prennent feu.

1er novembre. — Les Japonais criblent nos forteresses de première ligne. Nous répondons ferme. L'ennemi nous comble : 448 obus aujourd'hui, dont quarante ont touché des points importants. Le secteur de la défense, dont je dépends, est à peu près intenable. A 7 heures, dès le matin, un obus de l'autre côté m'a écrasé un canon. J'ai dû suspendre mon ensemble de tir. A 10 heures, vaille que vaille, je me suis remis en train avec trois pièces. Mais, à 11 heures, il m'a fallu arrêter de nouveau. Les Japonais ont continué un feu d'enfer jusqu'à 11 h. 1/2...

Après coup, j'ai visité les forts. Notre artillerie est réduite à un état pitoyable. Nous avons reçu une infinité d'obus de 120 et 150...

A deux heures après midi, la danse reprend. Nous avons juste le temps de rejoindre nos canons.

Nous souffrons tout de suite beaucoup. Nous restons avec une seule pièce utilisable...

A 5 heures, suspension du feu. Nous nous mettons vite à préparer nos tirs de nuit. A 6 h. 1/2, nous avons pu redresser une de nos pièces détériorées. Nous pourrons donc tenir avec deux canons. C'est toujours ça.

Pourvu que nous puissions reposer ce soir !

2 novembre. — Pas d'attaque aujourd'hui. Nous avons, nous, tiré trois fois, mais simplement pour nous régler.

3 novembre. — Nous bombardons l'ennemi...

4 novembre. — Journée très calme....

5 novembre — A midi, l'ennemi nous prend sous son feu et nous domine. Nous répondons de notre mieux. Voici, maintenant que nous recevons des coups par derrière. Probablement, la flotte japonaise se met de la partie.

L'après-midi nous recevons ordre de tirer tout ce que nous avons de munitions, après quoi nous

devons faire exploser nos travaux. Pour ma part,
je tire soixante obus. Les canons sont inutili-
sables. Nous nous rabattons sur les défenses de
l'arrière.

6 novembre. — Repos dans la journée. A 6 h.,
je vais aux dernières tranchées...
..... Le suprême assaut sera ce soir.
Le journal finissait là.

*
* *

Voilà, conté par le menu, l'écroulement de Tsin-
Tao, citadelle de l'orgueil allemand en Extrême-
Orient.

L'Allemagne, certes, ne pouvait se persuader
que les Nippons avaient de favorables dispositions
à son endroit — elle les avait trop insultés et ba-
foués à maintes reprises, — mais l'insolent Empire,
qui avait douté de l'intervention de l'Angleterre
dans le conflit d'Europe, était loin d'envisager une
initiative armée du Japon contre son omnipuis-
sance. Peut-être aussi comptait-il sur les germa-
nophiles pour paralyser toute offensive. L'ultimatum de Tokio dut produire à l'Allemagne l'effet
d'un coup d'épée inattendu car, raisonnablement,
elle ne pouvait supposer que Tsin-Tao pourrait
résister ; tout de suite — puisqu'aucun secours
n'était possible — elle dut envisager la chute de sa
belle colonie. A défaut de pouvoir mieux faire,
Guillaume II usa de tous les subterfuges et de
toutes les arguties diplomatiques pour conjurer

l'irréparable, ou tout au moins de diminuer son effet. Peu de temps avant la capitulation de Tsin-Tao, maints journaux d'Europe et d'ailleurs révélèrent des négociations personnelles entreprises par le Kaiser auprès de l'Empereur du Japon : Guillaume II consentait à se rendre aux exigences de l'ultimatum, mais ce semblait être pour obliger le Japon auquel, par compensation, on demandait une alliance contre la Russie.

Tsin-Tao tomba.

L'Allemagne éprouva une colère dont elle ne sut pas contenir le ridicule. Le *Lokal Anzeiger* particulièrement démontra tout le dépit et la rage impuissante du dominateur dont le pavillon venait de subir un large et humiliant accroc :

« Un village chinois, avouait le *Lokal Anzeiger*, était devenu un brillant témoignage de notre civilisation ; nous en avions fait une ville ; la ville la plus belle, la plus imposante, sous tous les rapports, de l'Extrême-Orient. Cela devait éveiller la jalousie haineuse du peuple aux yeux bridés. Jamais nous n'oublierons la violence de ces brigands jaunes, ni l'astuce de l'Angleterre qui a su les jeter sur nous. Nous ne pourrons, de longtemps, régler ce compte avec le Japon, mais si jamais, un jour, nous avons l'occasion de nous rattraper, ce sera dans toute l'Allemagne un cri de joie profonde. « Malheur aux Nippons ! »

Leur victoire valut aux Japonais de figurer dans le recueil des chants de haine et de malédiction, composé par l'Allemagne contre les Alliés. Le chant contre le Japon commençait ainsi:

AU JAPON

« Il ne nous manquait plus que toi — Pour grandir encore notre Gloire, — Peuple autrefois si transporté — D'héroïsme.

« Mais l'héroïsme ne t'a pas réussi, — Il s'est rapidement évanoui, — Tu vois comme on se dégrade, — Quand on s'allie avec l'Angleterre.

« C'est vers les bas fonds que t'a conduit ta route, — Vers les bas fonds, à pas de géant, — A toute vitesse, tu as passé — Du héros au bandit.

« Te voilà maintenant, insolent Japonais, — Complètement percé à jour — Et de toute ta grandeur ne subsiste — Qu'un méprisable petit bonhomme. »

Tant de violence hyperbolique et haineuse appellent le sourire. Que l'Allemagne chante sa haine ! Le Japon garde la sienne.

FIN

TABLES DES MATIÈRES

Vannes. — Imprimerie LAFOLYE, frères.